U0897130

国家社科基金项目：规范法学话语体系构造研究（16BFX024）阶段性成果

法治时代的私人话语

李旭东 著

山东人民出版社·济南
国家一级出版社 全国百佳图书出版单位

图书在版编目（CIP）数据

法治时代的私人话语/李旭东著.--济南：山东人民出版社，2018.8

ISBN 978-7-209-11277-2

Ⅰ．①法… Ⅱ．①李… Ⅲ．①法学－文集 Ⅳ.①D90-53

中国版本图书馆CIP数据核字(2018)第178594号

法治时代的私人话语

李旭东 著

主管部门 山东出版传媒股份有限公司
出版发行 山东人民出版社
出 版 人 胡长青
社 址 济南市英雄山路165号
邮 编 250002
电 话 总编室（0531）82098914
市场部（0531）82098027
网 址 http://www.sd-book.com.cn
印 装 济南万方盛景印刷有限公司
经 销 新华书店

规 格 16开（169mm×239mm）
印 张 16.5
字 数 200千字
版 次 2018年8月第1版
印 次 2018年8月第1次
印 数 1-1000
ISBN 978-7-209-11277-2
定 价 32.00元

目录

读书手记

追随名家的脚步……2
现代公民必读书：《社会契约论》……4
书斋中要读尼采……10
读书之始——读黑格尔……15
阿马蒂亚·森论身份认同……18
罗素《西方哲学史》读后……22
权利话语的傲慢与偏见
——《权利话语：穷途末路的政治言辞》读后……27
读雪珥的《帝国政改》一书……35
张申府《所思》读后……38
牟宗三良知坎陷之义……41
莱布尼茨和罗尔斯的相似处……43
《战争与和平》的体裁及其他……45
《论语》的读法……50

“无礼仪之邦” …… 54
《民主是可能的吗？》读后 …… 58
《没有上帝的宗教》读后 …… 62
读四本历史学方法论的书 …… 65
城市与它的书店 …… 67
冰雪林中著此身 …… 69
能以白眼行天下 …… 72

学术评论

思想与学术 …… 76
远去的学人背影 …… 79
读书的悟入之处 …… 82
戒三气:文人气、贵族气、遗老气 …… 87
大学中的理想人物 …… 93
学界“类学术”现象观察 …… 97
学术与思想的短章 …… 103
学者·青春·人生——严存生教授印象 …… 108
法学界的“一本书主义” …… 114
士林的衰落 …… 118
学术的体制评价、江湖评价、民间评价 …… 123
法理学与法史学的学科设置问题 …… 127
讨论道德问题的一个视角 …… 130
学术资源占用费与钓鱼机制：中国大学困境的两个解释 …… 133

平等、权利与正义：罗尔斯、诺齐克与秦晖……136
观念世界的意义……140
多元的单一价值时代……143
学术性阅读的“三步法”……146
富学科与穷学科……149
中国智库建设的几个问题……152

世相观察

安全感、效能感、幸福感……158
被动与主动……161
说话与做事……163
为承担全球责任做准备……165
30年文化强人……170
中国怎样崛起？……173
那些逝去的手艺……178
高考招生改革方案呓言……183
太阳、月亮与黑洞：漫谈三种人生态度……186
山寨文化漫谈……191
低俗是一种权利……195
生命的长度与强度……198
言论激进者的意义……202

异域随笔

中美的几个不能比……208
美国社区图书馆的治理功能……212
美国教会的治理功能……217
爱因斯坦故居前的遐想……224
9·11归零地的遐想……228
纽约地铁中的乞讨者……232
为什么美国名校能够在乡间生存?……237
华盛顿旅行杂记……244
费城印象……251
曼哈顿中央公园的树……256

跋……259

读书手记

追随名家的脚步

上大学以来，在多个城市生活奔波，生活环境不断变化，读书的爱好却一天天浓厚。读书成为我的生活习惯，这也许是我一生的快乐源泉。

在图书馆借书、读书多年，借阅方式也从原来抄索书号填借阅卡变成了开架找书打条码，现代化了，省了不少麻烦。但是打条码后，也失去了一个快乐，那就是看借阅卡。借阅卡记录着这本书的经历，它在图书馆书架上和不同读者手中来回游走，也许它见到过许多故事，可惜它不能开口讲。有的书，借的人太多，翻破了，图书馆把它修补好，借阅卡也换了；有的书，借的人很少；更有的，自从进馆就没人借过，你要扑打它厚厚的灰尘才能开读，当然借到这样的书，不免也有些高兴，你心想，曲高和寡嘛。

读博士后，开始阅读一些老的经典。这次，按导师要求读《马克思恩格斯全集》第42卷（上），到图书馆借回书来，下意识地翻看借阅卡，上面只记着两个名字。看着借阅卡上的两个人名，是那时年轻的他们手写的签名，不由得一阵兴奋。在学界，这两个人都是重量级人物，在全国也有重要影响。我顿时有一种冲动，想把自己的名字也写在借阅卡上，这样，会是什么效果呢？书上能够看出铅笔画过的痕迹，有些话明显在导师的论著中出现过。他、他们就是读过这本书，当然还有其他的书，成为著名学者的。我似乎清楚地看到了导师成长为知名学者的足迹，而现在，我自己正读着同一本书，是否也正踏上同一条道路？

书后来是原样还了，我想也许会有别的读者借到这本书，遇到两位名家读过的书，然后和我一样，有这样的感触。在知名大学，或者有知名学者的大学，你与名家的接触，除了成为他们的弟子之外，能够在一些意外的场合与他们相遇，读同一本书也算一种。

现在，导师越来越忙了，他有他的苦衷。不过，在读到这本书后，我清楚地看到了自己的差距，读书太少。我应该在图书馆里更多地借到他当年读过的书，能够跟上他过去的脚步。现在，跟名家相遇、跟名家读书的途径，可能是多读书。在图书馆的老书中，你会从借阅卡的读者姓名栏找到他们读书的记录。现在打条码了，你也可以想象到名家们现在依然不停息的读书脚步。

写到这里，觉得可能对那些静默的读书人有些失敬。年轻的人们是需要些榜样的外在鼓励的，其他的，人阅历多了自然会知道。

明年就离开东方最美丽的校园了，写下这篇文字记下我对母校的一份感情。

（2005年7月21日于广州）

现代公民必读书：《社会契约论》

大学老师们总会向同学推荐一些阅读书目，推荐书的标准虽然因人而异，但最好应当是经典名著。因为经典名著与流行著作相比，已经经过了历史的检验，它的质量是不会骗人的，而流行著作一般会成为过眼烟云。同样是读书，何不读些有意义的经典著作呢？但是在我看来，名著有一个魔鬼定义：名著就是那些人人都知道要读、但人人都没有读过的书。在这个忙碌的时代，真正通读过中国四大名著的人恐怕也不多了。因此，老师推荐名著易，同学真的阅读名著难，这是一个除了上网就坐不住的时代。

我是经常在课堂上推荐阅读书目的，但往往在此时心里也有些顾虑。会不会这些阅读书目对同学是一个负担呢？年轻同学的生活丰富多彩，而读书则在外表上看来仅仅是坐着不动而已，既不出声音，也无生动形象，一人长时间闷坐，实在无聊！而读书的状态不是这样，难道还有什么表演吗？今天学者上了《百家讲坛》，其形式也近乎表演，事实上也在宣告着我们进入了看他人读书、而自己不读书的新时代。大家希望学者能够把书中道理提炼出来，然后在某一讲坛公之于众。什么样的书能够让读书不是特别烦难，而能够轻松开始的呢？

这时我放心推荐的就是卢梭的《社会契约论》。我相信，读者能够读完它，也一定能够受到启发。能读完，是因为它确实薄，是厚薄适中的名著；会有启发，是因为它讲的是当代人人都能理解的常识，而这些常识既使人脱离凡庸，又使人不离世间。原因在于，卢梭讲的道理，是当今世界仍然需要遵行的大道，是现代有教养公民自我教育的基本读本。这本书的优点可以分下面两点来说。

一、卢梭的思想有原创性

卢梭没有受到正规的教育，主要是通过自我教育使自己成为一个有修养、有思想的优秀思想家的。当然，这是当事人已经离世之后我们才能这么说。事实上，卢梭的毛病非常多，生性多疑，难于合作，行为处事经常不符合当时文明社会的规范和礼仪，“个性”太鲜明，经常让人很为难。尤其与百科全书派中的其他人物相比，更是孤傲不群，老大的不合群。如果让他的同事朋友投票选先进工作者，卢梭是一定不会当选的。

这可能也是卢梭的思想能够有如此穿透力和长期效力的原因。他的思想是自己想出来的，有时甚至拒绝他人的讨论！《社会契约论》是从时代的问题出发，自己苦苦思索的产物；而不是由于受到了教育，然后在他人的思想范型、逻辑框架、语言模子上习惯地套用的结果。中国思想家顾炎武在写作《日知录》时，对自己提出的要求也是“采铜于山”，要自己直接开采矿石，然后冶炼成铜。大思想家虽然不免向前人学习，但一定要直接面对现实的世界，才能进行真正的思考。尤其在现在，生活的抽象化程度大大加强，人人已经难以面对生活的全貌，面向世界整体思考的难度空前提高，就更需要这样的素质。

今日的问题不在于没有学习的条件，而在于前人从生活中提取出来的道理太多，而我们没有消化的能力。“有知识没学问”、“有学问没有智慧”、“有学术无学养”等问题日益严重和普遍，原因概在于此。但那些能够写些篇什、讲些抽象道理的人们，却因此而增加了“知识、学问”为基础的傲慢，以无所贡献的空洞、苍白文字，空享着群众的尊敬，消费着真学者建立的职业光荣，当然也不免勇者的斥责、智者的窃笑、仁者的宽容！大学中食而不化的学者多了，大学就会因缺少德性与智慧而出现对社会劝诫与误导能力的缺失，难以承受起社会的重托，接近知识训练的中学了。不少大学在社会中受到的尊重其实低于重点中学，原因概在于此——不够大学的资格。

所以，吊诡的现象是，现代人通过重复古代人的那些道理，读些书，写些复述性的篇什，有时也能混得像个思想家，至少是个学问家了。于是，真的思想家、真的学问家与那些假李逵的区别，竟然也难以区分了。

真的没有区别吗？当然是有的。

判断思想家的标准就是：有没有直接面对现实生活，进行思考。这倒不在于写的书是不是厚而且重，概念是不是时尚流行，甚至不在于是不是抽象与玄奥。康德可能不免玄奥，但有卢梭这样的思想家在，我们应当对那些表达常识，但不止于普及常识同时也深化常识的著作和作者给予足够的尊重。恰恰也是康德，他多年不变的散步习惯仅仅在读卢梭的《爱弥儿》时才被打破了。这就是原创性思想给同样伟大的思想家的影响力。

问题是，哪个学者不想作出原创性成绩呢？为什么卢梭能够有原创性的成绩，而其他人就没有呢？原因就在于前面所述的：思想要有“创见”，所“见”必为第一次。第二次的“见”就落在其次了。而能不能有所“见”，在于要穿越文明与文化的阻隔与成见。我们戴上了文明与文化的眼镜，看到了许多东西，但这副眼镜不能摘下，也只能老是看见这些东西。大思想家的不同在于，他们经常能够使用不同的眼镜，能够超越凡庸，打破常规，想入非非，从而看到不同的世界。西方的理想国与乌托邦，中国的大同世界与三代都是远离现实的存在，但思想家认为它们更真实。这就是“创见”。

黑格尔在《精神现象学》序言中曾经对此作过精彩的论述：古人多生动的事实，少抽象的概念；今人多抽象的理论，少生动的内容。这是很有道理的。古人颇似文化程度不高的老汉，饱经沧桑，说话不多但经历多；今人颇似记忆超群的少年，满嘴的“道理”但自己不懂。原因概在于此。而现代教育却一直在生产和制造着话多、词语丰富的“文化人”，自满地以为道理都在脑子里，实际却成为名言的奴隶与伪思想者。现代大学制度的困境也因此而生：不提科研标准吧，如何判断谁是努力思考的学者？提科研标准吧，经常是不思考的“伪学者”成果累累，进而劣币驱逐良币。这个问题就交给读者共同思考了。

二、社会契约论表达了民主时代的真理

《社会契约论》之所以读了有启发，在于它讲的是人人相关、人人可以思考的道理。公共权力为何要存在，它存在的限度在哪里？我们为什么要接受一个公共权力，它的合法性何在？说白了，为啥要有人管我？为啥是他们管我，不是我管他们？

为公共权力奠定正当性基础，是《社会契约论》的基本任务。理性不发达时代，这个任务好解决：诉诸“神权说”，我当领导是因为受命于天，大家就服了；诉诸“传统说”，我当领导是因为我爷爷、我爸爸是领导，大家也能服。但是因经济民主化而开始出现社会民主化的现象时，人人因其劳动价值、经济价值的拉平化，而出现了抽象同一的主体观念。一旦笛卡尔“我思故我在”的命题出来后，表明已经有了一个抽象的“我”，这就是抽象的主体与人格观念。哲学上的

抽象主体是一定会逐步地向经济、政治和法律领域推进的。于是，平等的法律主体就呼之欲出了。

所以，当代的权力正当性论证方式，无一不诉诸民主形式，即我当领导是大家都同意的。还很少人敢公然说违背这一时代共识的。比如说：我当领导是因为我就是领导，我当了领导就是领导，我当领导是因为我有枪、有胆你试试之类的蛮横话，总要裹上一些假民主的外套。凡诉诸领导本人的优越性的权力正当性论证方式，基本是背离民主体制的逻辑的。因为，你再优秀，也得经过我同意才能当权！

论证是当代的一个特点，什么事都要证明、要讲出道理。而卢梭的《社会契约论》的基础恰恰是一个直接的判断：人人生而自由平等！这个怎么论证？只能接受！

我们如何知道人是生而自由平等？现实恰恰表现出经常的、普遍的不自由和不平等。卢梭是不是说错了？然而，不是卢梭错了，而是现实错了！

实证科学要做的，是模仿自然科学以求得知识为目标，其核心是认识论，所以，其逻辑顺序是：现实为A，理论为A′；而人文学科等思辨类型的学科，则不以认识世界而以改善世界为目标，世界是如此，但世界不必然如此，不应当如此，更应当如彼！其思考的逻辑顺序是：理论为A，现实为B。自然科学家（加上部分社会科学家）的工作在于，努力追求“A′=A”，这当然近乎不可能。思想家的工作则在于，努力追求“A=B”，这就更不可能，这要求改造这个世界为另一个世界。理论家面对现实提出一个理想是一回事，实现它则需要历史的实践。如果说有一个人能做到，那就只有“上帝”了，从逻辑上讲，他本来是创造者嘛。因此，虽然自然科学和社会科学取得了相当大的现实成就，但仍然不能抹杀思辨性、思想性突出的那些学科知识的地位和重要性。

当代中国以工程师治国的时代正趋向结束，经济学家鼓噪的增长即“成功人士”式的意识形态也将会有所改变，在国家治理层面日益突出的正是如卢梭这样的常识：世界是你们的，也是我们的，归根结底是所有普通公民的。不奠基于民主、平等、自由基础上的任何社会、任何统治秩序，都要始终面对着《社会契约论》所唤醒的人的良知：我们有什么理由不尊重人，即使他仅仅是个普通人？

实际上，从卢梭的《社会契约论》至今，这个普通的常识始终标志着各个国家政治文明的发达水平，标志着统治秩序的正当性程度。这是一个自从人类社会进入民主时代起就开始生效、一个跨越了数百年日益闪亮的真理，这是唤醒之后只能壮大不可遏制的朴素力量。

正是因为这个朴素的思想的不断传播，那些可怜的普通人们，才会信心百倍地一起呼喊出：“我们，人民！”有了庄严而坚定的人民，才会有权力的真正主人，才会有真正的法治和良善的治理。更进一步，从法律的实施来看，由于人民是一个群体性主体，在民主体制不成熟的国度中，人民经常缺席、经常难以保持现实的存在，需要认真对待的是人民的原始组成者——公民！对当代中国来说，面临着更多的历史任务：不但要确认人民的伟大，更要承认公民的庄严地位！在承认公民伟大的同时，对公民的集合要给予相应的制度空间，鼓励公民有序地政治参与。

当然，在此表彰卢梭，并不说明仅仅只有朴素的思想是重要的，或者人人应当发扬个性到偏激和拒绝与世人合作的程度。像康德那样深邃幽远的哲学思想，平易近人的学者风格，同样是对现代民主社会的建设具有非凡魅力和重要贡献的。

（原刊于《华南理工大学法学院院报》第3期）

（2010年9月13日）

书斋中要读尼采

我的读书经历，从阅读黑格尔开始。读了不少黑格尔之后，感到他对理性的极端推崇，可以极大地提高读书人的自信心。这对于青年学生是非常有益的。不过，工作之后，生活日益丰富，接触的事务开始复杂起来，黑格尔就不够用了。于是，我依靠阅读建立起来的信心受到了较大的挫折。工作之后因为经历了不少事情，慢慢地就调整了对于理性和读书的重要性的认识。读书是重要的，但生活是更重要的。这一转变过程是如何完成的，当然不是容易说清的。但是，尼采的著作对于我完成这一转变有重要帮助，这次就说一下尼采的重要性。

读惯了黑格尔著作的人，初次看到尼采的著作，尤其是像《查拉斯图拉如是说》与《权力意志》这种典型的尼采风格的书，第一感觉就是不知所措。这也是书吗？这样的书谁写不出来呢？然而，确实只有尼采能写出这样的书，而且他确实接触到生活的真实基底，对人，尤其对长期生活在书斋、学院中的人，有非常大的帮助。

上次说了不少黑格尔，把黑格尔和尼采的著作作一对比，就能够更鲜明地看出尼采的特点。我想用两组词来概括两人的特点，把这两组词的意思说明白了，尼采的作品的重要性也就说清楚了。

理性逻辑与生命意志

黑格尔是一个高扬理性的人，一个特别强调知识与理性力量的人；而且，他在相当程度上有一种把世界知识化、知识系统化、进而用知识规范世界、用逻辑要求现实的特点，哲学界把黑格尔理论的这个特点称为“泛逻辑主义”。青年学生涉世不深，但抱负甚大，因此，黑格尔哲学的这一特点对于青年人是非常有意义的，树立起远大的志向，睥睨天下万事，有助于鼓舞人的斗志。

尼采是一个高扬生命意志的人，他重视个人的感受，重视最真实的感觉甚至肉体欲望，特别地强调对个人生命的珍惜。当然这在相当程度上与尼采本人一向体弱，对生活环境有特殊的敏感有关，但从这种个人的生活需求中发展出一种影响甚大的哲学思潮，就不能仅仅说是个人体质的问题了。

原因在于，过去的理性主义者过于强调人的理性一面，而有意识地贬抑人的感性一面。这个倾向是从亚里士多德就开始了的，到黑格尔达到了极致。理论走了极端就要矫正其偏差，这就是必然会出现尼采理论的反拨。实际上，之前的叔本华与黑格尔曾经当面挑战过，把自己的课程时间特意安排在与黑格尔同时，只是时机没到而未获成功。而时过境迁，尼采作为叔本华的传人，对于生命意志的强调、对于个人真实欲望的正当化，就获得了更多的听众。这里摘引几段尼采的话，以显示其思想的特点。

“要牢牢地保护我们的感官，保持对它们的信仰——而且接受它们的逻辑判断！迄今为止，哲学对感官的敌意乃是人最大的荒唐！”

感官的逻辑？这明显的是与黑格尔以及讲究理性与逻辑的哲学传统唱反调。

“人怎样才会获得强大的力，怎样才能肩负大任呢？……要不辞劳苦、自我克制、目标专一、坚忍不拔地重复同一劳作，吃同样的苦头。”

这直接呼唤人的心灵，听起来与亚圣孟子的一些教诲是如此相似。

“存在——除‘生命’而外，我们没有别的关于存在的观念。”

这也正是当代存在主义哲学的话语，是当代重视当下、重视参与和体验等观念的先声。

尼采说：“我们有一个目的，为了它不怕带来人的牺牲，不怕担任何风险，不怕承担任何厄运——伟大的激情。”

激情？是的，黑格尔试图用理论束缚住的“心魔”被尼采堂而皇之地解放出来。而且，这种重视生命、重视个人感受、重视被理论与哲学忽视了的人的感性本质的观念，在后来获得了最多的听众。

适应世事与张扬自我

思想家会说许多话，说得有系统有条理有特点，就能以此成了名家。不过，有的思想家说得与做得并不一致，这在西方学者中是非常突出的。黑、尼二人也有此特点。

黑格尔虽然张扬理性，但并不是纯粹的理性主义者，如法国大革命那样的干法，他是极不赞成的。所以，他在现实中的态度往往比较暧昧，《法哲学原理》中的著名警句“凡是现实的，它是合乎理性的；凡是合乎理性的，它是现实的”，就以其暧昧的特点，既获得了掌握现实的统治者的认可，也引起了拥有未来的年轻人的共鸣。因为，现实的，还不是现存的；现存的如果不合乎理性，它就不会是现实的。这个弯一绕，大家的不同解读，都得到了各自的东西，黑格尔的思想也获得了安全许可证。看来，理性主义的大师黑格尔不仅仅是位纯粹理性学者，还是位实践理性的高手。

尼采给人的印象似乎一向是为所欲为，“自顾自”。然而，尼采却远比后人从他的片言只语中拼凑的那个形象要丰富得多。

他是一个具有强烈宗教情怀的人，他对人性高洁的追求，可能是所有用尼采的话作借口和幌子的人所无法想象的。他要做超人——这是一个在地球上尚不存在然而优秀的人应当努力的新人种！对人的这种要求，就太高了，这要求我们改善种类。他虽然甘冒天下之大不韪批评基督教，还是因为现实中的教会不太像他所要求的宗教那样圣洁。教会太世俗了，尼采要求他们更纯洁一些。

许多人以尼采的话为借口来张扬自我，然而，尼采却严格地确定了一个张扬自我的标准，这个标准在民主时代是如此刺耳，令人难以对公众言说，因为这将极大地伤害大多数人。这个标准就是：优秀。只有优秀的人，才有资格张扬自我；那些并不足够优秀的人，不配谈任何“我”，而且根本就不应该作为“主体”，他们的命运应当是作为精英阶层的“工具”与“客体”。对于“民主”与“平等”这种人人恭维的时尚价值，尼采也毫不客气地予以抨击，认为是时代的堕落才使得人人都敢自居优秀。谁能说尼采给了所有人张扬自我的借口呢？

当然，尼采的理论充满复杂性，他的思想在历史上也因此曾成为纳粹的官方理论工具。有人好心地把这一特点归为尼采的妹妹在他去世后有所篡改；事实上，如果尼采思想本无那些倾向，篡改可能无异于重写，这一条似乎并不太说得过去。涉及纳粹，就要涉及战后最大的意识形态话语，已经通过累累尸骨获得战争奖杯的列强与英雄们，好容易把坏事安到了坏人头上，绝不希望有人多嘴。这也不是三言两语能说明白的，还是闭嘴为上。

顺便说一下，“90后”的青年给人的印象是非常自我的，法学院更是权利至上观念流行的场所，尼采对于青年人是不是合适，也许有人会质疑：对他们已经够纵了，还要再纵？如果同学们真正读尼采的书，并能够有所体会，他们就不是仅仅追求个人生活的权力，老是向他人、向单位、向社会要这要那地提许多的“权利性要求”；而是要进一步努力追求优秀。这种自己向自己挑战、自己给自己打分的人生考试，不断向自己提出“更优秀”挑战目标的自我实现历程，实际上是一个人强迫自己承担起尼采所言的“义务性要求”，这对青年人的成长还是非常有意义的。

（原刊于《华南理工大学法学院院报》第2期）

（2010年5月26日）

读书之始

——读黑格尔

读书阅世四十年，岂无一二心得与人谈。今天，就从我自己读书的起点说起，和年轻的同学谈谈我个人认真读书的起点——阅读黑格尔。

我识字较早，读书也较早，读书的兴趣也日益浓厚。然而，真正严肃地读书，读严肃的书，则是从阅读黑格尔开始的。因此，对黑格尔著作的阅读，是我阅读理论著作的能力得以真正确立的起点，也是我读书入门的一个秘诀。当然，在此之前，我阅读过大量的各类文字，一天读完一本长篇小说是经常的事，但那都和理论思维无关，因此从专业角度可以忽略不计。所以，我把阅读黑格尔当作我认真读书的开始。

我要读黑格尔的原因非常简单，因为人人都说他老人家的著作不好读。我还偏不信这个邪，自己就到图书馆中找来他的著作来读。果真，每个字都认识，每句话都不懂。自信心深深地受到打击。尤其是在研究生阶段，有一门专业课——西方法律思想史，主要是阅读名著，其中黑格尔氏的《法哲学原理》赫然在列，老师要求读，然而，仍然是读不懂。我的同学好像也是如此，我估计，大家基本上是靠序言中那段关于“现实的与合理的”论述的著名警句应付了事的。

读不懂之后，只能放下。

读书有的时候真如同一场战争或角斗，面对一个对手，你无论如何使劲，都没有办法用上劲，最终只能无奈地宣布投降，放弃无谓的挣扎，从而也宣布自己智力上的无能。

不过，我还是不甘心。于是有时间就继续读，硬着头皮读，终于似乎有了些感觉，也似乎还是读不懂，但好像可以一页页慢慢地翻过来了。

现在回忆起来，之所以能够从失败的体验中走出来，有两个原因。一个原因是要有读书的榜样。如果能够遇到喜欢和善于读书的老师与朋友，读书的路上，就会充满希望。人家能读懂，我为什么不能读懂呢？这样，就会平添许多精神上的力量，面对困难就会有些信心。我当时遇到一位经常和我大谈黑格尔的朋友，从他身上，我感到自己也是可以读懂的，于是就回到家里，自己展开书本，慢慢地读了下来。第二个原因是，要调整阅读的步骤。比如，读黑格尔的《法哲学原理》觉得难，读《美学》可能就好读些，其次，《哲学史讲演录》因为讲的是哲学史，也似乎总会有些难读懂的地方。不要一开始就碰最难读的，要循序渐进。可以先看些二手的介绍性的书。当然，难不难，只能在读后知道。硬着头皮读，仍然是一个重要的读书办法。

当我把商务印书馆版汉译名著中的黑格尔著作通读一遍之后，虽然对于黑格尔本人的思想仍然不敢说有了多大把握，然而，再来看对于黑格尔的二手著作，信心竟然空前地提高了。我惊奇地发现，那些写书的专家，原来可能并没有通读过黑格尔，有的地方还明显的有错误。有的错误，比如关于“现实的与合理的”那段警句的解读，似乎犯得比较低级。这时，再读起其他的书来，理解能力真的比以前有了不少长进，能够理解得更多、更快了。

原因也很简单，读了难的书，再读容易的书，个人的理解力自然地受到了训练。打个比方，读难的书好比喝高度酒，读容易的书好比喝低度酒。有的书可能基本上是白水兑了些酒而已，没有什么思想内容，根本不过瘾。读书如果老是停留在读通俗书的阶段，思想基本上是没有长进的。

后来，读到叶秀山先生重读黑格尔《精神现象学》序言时的感想，他的感觉“与我心有戚戚焉”，他觉得，读黑格尔的书，即使读不懂，也会有收获。我的经验告诉我，确实如此。

还应当说明，黑格尔的著作比较重要，除了对于思维训练的益处之处，还有一个重要原因，即我国主流的思想体系来自马克思主义，而马克思主义经典作家都是非常熟悉黑格尔的，他们的思想体系也深深地打下了黑格尔的烙印。这对于深入理解马克思主义的思想体系，包括了解当代中国的马克思主义思想体系，都是有相当的帮助的。这个比较复杂，就不在此多说。

可以肯定地说，从我个人的读书经历来说，阅读黑格尔，帮助我建立起了读书的自信，也逐步地找到了个人的阅读方法。这是我严肃读书的起点，是值得纪念的。至今，我还会不时拿起黑格尔的某本著作，既是在阅读黑格尔，同时也在阅读我自己已经逝去的读书年华——我在不同的时间和地点阅读同一本书，在书上作的批注、勾画，永远地保存在了书页中。年轻时的许多想法，也与这些印迹永远地成了过去。

不过，黑格尔的魅力虽然大，也容易带来负面的影响。这是我在读尼采的书的时候才感觉的。尼采的书，是完全不同的另外一种感觉。这是我在实践中遇到困难与挫折之后才体会到的。这也是值得专门一谈的重要经历。

（原刊于《华南理工大学法学院院报》第1期）

（2010年5月15日）

阿马蒂亚·森论身份认同

前几天在和研究生同学讨论论文选题之余，有位同学提到阿马蒂亚·森，森教授的东西我之前还没有认真去读，前两天正好借到森的《身份与暴力》一书，中国人民大学出版社出版，这套丛书有九本，这一本译得觉得很不错。读后觉得，森的一些想法还是有新意的。

首先的印象是，森对世界范围内因反恐怖主义而来的对穆斯林的一种“恐怖者”身份强加感到不满意。森是印度人，是不是穆斯林呢？我不知道。不过，按印度作为拥有过亿穆斯林人口的现实，森对穆斯林的理解比其他学者，要好得多，更具有同情的理解。

事实上，中国人对于新疆和维吾尔族同胞也有这样的情况，而且这种情况似乎也很正常，符合人的认识习惯。谁有功夫那么仔细地区别呢？谁又有兴趣在你身上花那么多心思呢？这也是周大福和周六福都成了名牌，娃哈哈和哈哈娃能够共存的心理原因所在。我们没有精力对自己之外的世界和信息投入那么多，所以，一种含混的印象也就够用了，虽然它同时也是一种偏见，毕竟有所见吧。等到需要搞清楚时，自然会搞清楚的。但这对于被偏见所“污名化”了的那类人是非常不公平的，尤其是当他们仅仅由于话语权少但实际力量并不弱时，这对于人际间相互理解和生活互动，就有非常大的负面影响。森这一意识是比较好的。小布什总统号召要对伊斯兰世界发动一场新的十字军东征，虽然是比喻不伦，但何尝不是一时痛快说漏了嘴，他就是那样看你的嘛。

其次是，森相当不认同以亨廷顿为代表的西方学者的文明冲突论。西方从西欧一隅，变成一度统治全球的强大势力，许多其他的文明只能在西方的控制下苟延残喘，也使他们因一时的得势而对自己的文化估价过高。他们已经习惯把各大文明进行本质化的处理，好像西方与先进、非西方与落后之间就建立了必然联系。当然人都有此毛病。但是，当其他文明已经在西方压迫下发展起来之后，西方人发现，世界变了，而且变得很快，非常不适应，也不愿意接受。这个心理虽然可以理解，但还要用文明冲突论来组织文化对抗，就没有必要了吧。

事情有起伏，心理也要适应。这虽然难，西方人和西方学者，也得适应了。作为一个印度裔学者，森可能也从印度自己的伟大复兴进程中，获得了这种力量。中国人和中国学者自然有更强烈的感受和体会。

第三个印象，觉得世界正在充分地多元化，传统的民族国家认同和文化认同，已经不足以成为团结社会和组织公众的唯一或垄断性基础了。人有多种身份，也有多种认同，到底我们是什么人？亨廷顿有一本书《我们是谁？》就是讲这个问题的。他还是强调：人无论如何有一个基本认同，国家要注意这一点，民族国家才能巩固。斯大林在强横地要控制蒙古并让其独立时，对蒋经国就是这样说的："世界上只有民族是不会消亡的。"（大意）

斯大林和亨廷顿都非等闲之辈，认同决定了我是谁，我和谁是一类人，我更愿意成为什么人。中国的国家认同其实非常弱，而文化认同度相当高。现代中国靠文化把大家还拷在一块，这对于现代掌控中国国家机器的领导们来说，其实是应当特别注意并改善之的。

不过，森说的却是正好相反的趋势和潮流。人虽然曾经被国家啊、民族啊之类的东西激动，但现在他们激动的东西多了去了，他们所能参与的事情也多了去了，他们也完全可以不理会、不听从那些政治家们的吆喝，自顾自也乐呵。国家，那是你们的事了。

已经有相当一批精英，开始因具有全球性生活而不再服从和从属于某一地区政府，他们基本上不会按传统方式想问题了。这个是未来性的趋势，真要成为一个大潮还有待时日，不过，毕竟是一个新的现象，值得重视。尤其是人虽然少但影响大时，这个趋势就不容小觑。

第四个印象，我觉得森提出了一个比较好的概念：多元单一主义。这其实也是一种单一主义，即只把人看作一种什么人，但由于国内有多种不同认同的人群，他们互相不理解、不理睬、也不愿意相互接受，只是如赵汀阳所说，相互不舒服地“忍”着。在许多社会中，由于缺乏多元文化的传统和具体的沟通与交往形式，这个现象发展得比较严重。

当代中国，权力和金钱，相互有意识地进行了结盟，把社会资源集中起来自己玩，对社会无理地进行了单一化的面貌塑造，尤其是对人心灵的单一化塑造影响甚大。当我们有钱了，我们干些什么呢？我们觉得没有什么好干的了。这估计就是中国社会现状非常可悲的原因。你把其他的价值取消了。当代中国就只有两类人：一类是追求权力与金钱和追逐成功的人，他们很痛苦，因为他们没有得到，他们不满意，他们嫉妒；一类是已经掌握了巨大权力和财富的人，他们也很痛苦，因为原来这些东西得到了也没有意思，他们感觉很无聊，生活很没劲，很没意义。怎么会没有意思呢？他们还在琢磨着呢。

最后，引用森的话来结束，他说：“单一身份的幻象符合冲突对抗策划者的暴力目的，它是由残暴行径的指挥者精心培养和塑造的。这种单一身份的幻象可以在冲突中加以利用，因此不难理解，它对那些煽动暴力的人非常有吸引力。他们竭力寻求这种简化主义的思维模式，这也并不令人奇怪。”他是在提醒我们，不要上那些掌握权力的煽动者的当。不过，当你只有一种单一认同时，你的生活要有意义，只有上当，才有得激动，生活也才觉得有意思啊。森教授的提醒，大家是不会听到的。

（2013年11月21日）

罗素《西方哲学史》读后

罗素的《西方哲学史》，属于现代的、英国传统的、哲学家的哲学史。之前对它有些偏见，因为偏爱看德国传统的有较强思辨色彩的东西，此次阅读，纠正了我的一些偏见。大体有以下一些印象比较突出。

一是，思想与实践，思想与行动的关系。

罗素有如下表述：

“哲学家们既是果，也是因。他们是他们时代的社会环境和政治制度的结果，他们（如果幸运的话）也可能是塑造后来时代的政治制度信仰的原因。”

到底思想与行动对世界的影响哪个大？罗素的看法是，思想！

现实中那些有文化有思想的人，往往没有怎么体现出他们的力量啊？罗素认为，观念决定行动，行动者的行动来自其内在思想，而他的思想来源于更早的思想家。也就是说，思想家的影响力往往会滞后一些。但它的影响还是决定性的。

二是，揭示了思想史上存在诸多各种奇怪思想流派的原因。

罗素的看法是：

“知识优异的人们与他们当时的社会的关系，在不同的时代里是非常之不同的。”

“……当政权转到马其顿人手里的时候，希腊的哲学家们就自然而然地脱离了政治，而更加专心致意于个人德行的问题或者解脱问题了。他们不再问：人怎样才能够创造一个好国家？而是问：在一个罪恶的世界里，人怎样才能够有德；或者，在一个受苦受难的世界里，人怎样才能够幸福？”

“哲学家们通常都是具有一定的心灵广度的人，他们大都能够把自己私生活中的种种偶然事件置之度外；但即使是他们，也不能超出于他们自己时代更大的善与恶的范围之外。在坏的时代里，他们就创造出来种种安慰；在好的时代里，他们的兴趣就更加纯粹是理智方面的。”

“希腊与罗马的传统宗教只适合于那些对现世感兴趣并且对地上的幸福怀抱着希望的人们。亚洲则有着更悠久的苦痛失望的经验，于是就炮制出来了更为成功的、采取寄希望于来世的形式的各种解救剂；其中以基督教给人的慰藉最为有效。”

这很好地解释了为什么思想史上会出现那么多的思想派别的原因。思想是对现实的思考，现实如何，会相当程度地影响思想家的思想特点。后人因时过境迁，可能会感到有些想法实在奇怪，但是，如果设身处地，或者用孟子的话说是“知人论世”，你也就理解他们了。

因此，思想史上的流派到底哪个正确，究竟谁对呢？这个问题是因为不理解思想史，也是在强迫思想家为你自己的时代思考。思想是对应时代的，思想是思想家的思想，思想主要是解决时代问题和思想家自身问题的。因而，环境不同，会有多种思想。

罗素的例子也很好，能够说明这个问题。而且就我阅读所及，感觉到他能诚恳地承认基督教来自东方，主要是东方的思想范式，这个态度对于西方人来说，真不容易。

三是，现代社会中，哲学内容和重要性不同。

罗素明确指出了哲学内容本身的变化。他有如下看法：

“理论科学是企图了解世界的科学。实用科学是企图变革世界的科学，……最后几乎把理论科学从一般人的心念里驱逐了出去。”

“文艺复兴时代人的好奇心就从向来文学性的渐渐转成科学性的。好一股新事实的洪流排山倒海而来，人们起初只能让这洪流挟持着往前涌进。……从事新发现其乐无穷，而体系乃是从事新发现的死敌。一直到十七世纪，人们构造思想体系的能力才赶上关于各种事实的新知识。”

“从洛克时代以来到现代，在欧洲一向有两大类哲学，一类的学说与方法都是从洛克得来的，另一类先来自笛卡尔，后来自康德。……继承洛克衣钵的，首先是贝克莱和休谟；其次是法国的哲学中不属于卢梭派的那些人；第三是边沁和哲学上的激进主义者；第四是马克思及其门徒，他们又取大陆哲学成分，作了一些重要的添补。”

原来人们对世界的看法是相对混沌或者说是整体性的，后来由于知识内容的增加，思想家开始逐步分工了，产生了不同的知识。哲学本身也开始有了较明显的分工，分到后来，自然科学知识从自然哲学中独立出来，开始与传统哲学彻底地分道扬镳了。

即使是哲学，其中也因态度的差异而分出若干派别来了。但这种差异，主要的还是时代和人们的生活造成的。哲学反映人的生活，也介入人的思想，由此它也就有些差异。

罗素强调的是，自然科学（以归纳和实验为基础的哲学）最终成为塑造时代的主要知识范型。（这一点对于文科的学者和学生不免有些不甘心，但事实如此）罗素自己理科成绩很好，曾和怀特海合著有《数学原理》一书，因此也敢于大胆地批评黑格尔的数学和在数学知识基础上的哲学建构（马克思和恩格斯的数学水平大约不比黑格尔高明，在此方面就无从下手）。当然，读书至此，我也只能叹气，我的数学基本上是四则运算水平的，又何从判断罗素的对错呢。但应当说，过早分文理科看来在教育上确实是不大可取的（当然给偏科且优异的学生以进身之道，是必需的）。

四是，哲学中真与善的冲突。

哲学中的争论，有的是内部争论（理智争论，总会有个结果），有的则属于外部争论（根本不可能有结果，属于态度争论），但更多的是外部争论。（内部争论和外部争论是我生造的词）如果明白这一点，就可以避免在外部争论上花太多没有必要的力气，从而直接面对真正的有意义的讨论。

罗素的看法是：

“哲学在其全部历史中一直是由两个不调和地混杂在一起的部分构成的：一方面是关于世界本性的理论，另一方面是关于最佳生活方式的伦理学说或政治学说。这两部分未能充分划分清楚，自来是大量混乱想法的一个根源。”

这是说，哲学中的真与善一直有冲突。这个争论可能也是不可能结束的。罗素更倾向于求真，但不反对求善，估计反对的是态度决定立场，以善代替真的那种蛮干。对于“愚蠢的好人”，罗素可能没有好感。

“从道德上讲，一个哲学家除了大公无私地探求真理而外若利用他的专业能力做其他任何事情，便算是犯了一种变节罪。”

这一个观点颇似韦伯的价值中立学说，大家也熟悉。不过，对罗素的这种价值中立态度，我基本认同，但仍然有些犹豫。

总体上说，此书提供的材料丰富，对西方哲学进行了整体性的讨论和介绍，还对东方哲学给予了较高的期待。对各哲学家的思想进行了自己的评价，尤其对亚里士多德、康德给予了严厉的批评，这令我瞠目结舌。亚氏的三段论推理、康德的纯粹理性批判，他都基本上否定了其地位。如亚氏和康德这样的权威，罗素竟然也没有客气，这是需要哲学上的实力和求真的态度，才能做到的。而且，说的都是地方，不能不服。尤其结合现实，把哲学与政治思潮和政治人物的传承关系，都进行了一个描述。这些观点对于某些人物的思想颇有忌讳的中国来说，是非常有好处的。

罗素的观点是，在某种意义上，写哲学史你得是个哲学家；我看，读懂哲学史著作，可能你也得是半个哲学家吧，否则根本是读不懂的。由于之前的偏见，使我迟迟未读此书，写这几句，算是对罗素的一点歉意。

（2013年8月21日初稿，2013年9月1日修改）

权利话语的傲慢与偏见

——《权利话语：穷途末路的政治言辞》读后

当代中国正在努力推进法治国家的建设，除了能够明显观察到的社会经济发展进程之外，另外一个不易观察的进程也在迅速进行，这就是主要体现为各种新型话语观念的更新。其中，以权利为核心的法学话语的发展尤其值得关注。可以说，在当代中国，事实上，“法治国家”和“权利”所代表的一系列主张也取得了一种类似于“意识形态”的地位。这意味着，它们的存在和扩张，不需要进行过多论证，它们自身就具有了充分的自证理由。

“权利”是法学话语的核心概念，也可以说是法学的第一关键词。它可以代表法学话语对观念世界的独特认识。新近翻译出版的一本美国法学著作对法学话语尤其是“权利”话语——这一主要体现为“要求”“诉求”的表达提出了一些深刻的反思。

当代美国已经在权利话语的浸润下成为一个以权利话语来思考和表达所有问题的国度，这令美国在使用法律解决了不少问题的同时，也因为法律和权利话语的过度扩张而产生了一些新问题。当代美国以一种强势的权利话语来表达和思考所有的问题，一些并不具有明显权利特征的事情，在美国人的权利之眼观照下同样主要体现为一种权利关系。这就使得社会生活的面相主要体现为一种权利面貌，而失去或削弱了其他丰富的面相。

权利话语已成了当代美国讨论政治问题的基本方式。但是，权利话语对公共问题的讨论已经多次证明是存在缺陷的，不能充分地表达和讨论有关问题。但既然如此，为什么还要使用权利话语而不使用其他更有效的话语讨论相关问题呢？显然，这正是当代美国权利话语现象的一个难题。

权利话语在美国存在的缺陷也是明显的。它生硬、直白，赐予权利不知节制，绝对化，个人主义至上，褊狭，对个体、公民和集体责任的缄默。（前言，第3页）权利话语的主要缺陷可以概括为：责任的缺失。权利主要是一种“要求”“诉求”类型的话语，它主要地对对方、对社会、对政府提出明确的有法律根据的或至少有道德根据的个人要求，而一般地，由于权利是一种对自己利益和要求的有效表达方式，能够非常容易地获得对方的呼应。较之其他话语，它在事实上也的确能够更容易地实现目的，因而，权利话语便以夸大的、强势的方式主张其诸多要求。这种话语的熟练操作者——律师，在各个社会中的形象都有一些可疑，恐怕也正是这一原因。因为权利话语的缺陷也是显而易见的。

权利是个人主张自己利益和自由的法律语言。权利在美国的法律环境中已经成为一张“王牌”（美国法学家德沃金语）。只要使用权利论证，基本上就可以获得成功；只要打出权利的旗号，就能获得相应的同情与尊重。但也正是在这种对权利话语的“过度使用”中，权利话语逐渐产生了问题。任何社会都是一个具有固定的资源的社会，这些资源需要被合理地分配，按照一定的优先性顺序进入各个领域，满足不同人群的需要，解决各种突出的问题，取得各种新的发展。但是当权利话语成为社会中一个弥漫性的话语，权利要求和权利主张成为社会中一个普遍现象之后，对社会资源的分配、社会共识的形成，都造成了相当大的困难。权利是对个人或权利主体应得利益和资源的承认，而在权利话语的促进下，权利日益增加，相关的资源却并不能像权利话语（要求）的增长那样迅速增加，于是一系列问题就出现了。

当代美国社会是一个“权利”当道的社会，一切都需要以权利的名义进行争夺。所有的东西都需要从权利的角度看待，所有事物的存在也需要以权利的名义显示其存在。这就使得权利成为一种越出其合理边界的名词。如果一切都成了权利，权利语词就会不断产生理论的混乱和现实的困难。权利，本来是解决社会纠纷和争议的一种工具，反而成为一个不可拆解的死结。

作者举了一个例子：某社区居民在权利观念的影响下，坚持自己的权利是不能被任何东西所“压倒”的。对于权利，根本不是任何金钱和利益可以交换的，权利是“绝对的”。权利要求一旦绝对化，事实上就不允许有任何的妥协，但权利的绝对无非是权利主张者利益的“绝对意见”。“他们指出，不论多少赔偿都无法弥补给他们已危如累卵的立足之本、人际关系、社区团结、地区情感以及共同记忆带来的破坏。”（第40页）

在这种权利观念支持下的要求，与当代中国城市的大拆迁相比，真是不可同日而语。中国城市对其居民的权利太少尊重，权利对他们的居住房屋的保护尚没有多少实际用途，即使在网络强烈关注之下“最牛钉子户”事件获得了解决之后，仍然必须承认这样严峻的现实。而美国社区居民的权利又似乎太绝对了些，权利的扩张大大超过了社会实际的物质财富总和，尽管权利不全体现为物质性的，但社会权利架构毕竟是建立在社会的整体物质基础上的，而不少的权利要求毕竟是以物质财富来“兑现”的。

作者指出，权利话语的缺陷就在于，缺乏对责任的明确关注，对权利主张的理论抽象过于简单。这种对权利主体的假设，使得权利话语天然地对与权利话语不同的其他事物形成了一种否定和消极的态度。当权利话语日益处于强势地位时，其他的事物都必须以权利话语的方式才能得到体现和表达，这就使得其他事物都在权利话语的强势面前不同程度地改变了自身。

因为强势的权利话语而改变自身对于中国人来说是陌生的，不过，经济话语作为当代中国的强势话语对中国普通人是不陌生的。在当代中国，一切价值和要求如果转换成经济话语就容易表达并得到支持，环境保护、文化多样性如果与发展旅游业相结合，科学研究、法律发展等如果与发展经济相联系，就容易获得支持，但直接以自己的话语和逻辑来表达则不易被人理会。而美国的权利话语造成的正是这种类似的形势。如果作一类比，可以说当代中国苦于陷入GDP至上的经济话语不能自拔，当代美国则陷于权利话语而困惑重重。

事实上，美国传统并不仅仅是一种权利话语，也不仅仅是法律治理，但是由于权利话语的迅速扩张与个人主义理念的普遍扩散，使得尤其是一些与权利话语和个人主义观念的方向不相一致的社会生活的面相受到了歪曲。

权利话语并不必然不能承认个人的社会性、个人与传统的联系、个人的利他特点、个人道德观念；至少，权利话语可以和表达人类这些特点和内涵的其他话语共同存在并相互借鉴。作者也看到，权利话语所造成的这种对社会其他领域的压制和歪曲，主要是美国权利话语的一个后果，其他类型（国家）的法学话语就没有造成如美国这样严重的后果。

按照法律实证主义的立场，法律话语或权利话语并不排斥其他话语的存在，在权利话语对事情作出解释和表达的同时，其他的话语同样可以对事情进行它们自己的独立表述和思考。如果这样讲，权利话语对于美国当今的这些问题就没有这么大的责任了。然而，作者并不简单地认同这一点。因为，法律在社会中的地位不一样，法律的影响远远大于其他社会规范和社会领域，因而，如果法律对某些重要的社会领域缺乏表达和考虑，那么事实上整个社会就会对相关事物予以消极对待，从而造成权利话语所没有预见到的后果。可以用一个例子来说明：中央电视台只是中国的一个电视台，还有其他许多电视台，但由于央视在中国传播领域的巨大影响，如果它仅仅关注自己愿意关注的新闻领域而忽略某些领域，那么长此以往，在它的“独立”的传播政策影响下，它所忽略的那些新闻领域就真的被忽略了。其他的电视台并不能够同等地弥补它的缺失。那么这一缺陷的责任能归罪于中央电视台吗？这个问题的确不是容易回答的。当然这个例子只能帮助理解权利话语在美国的强势地位和它所造成的客观后果。

因此，作者对法官的论说方式也提出了意见。如果不分具体情形地诉诸权利话语，结果有时可能并不那么令人满意，但权利话语同样具有自己的辩解理由，这就是形式正义原则。而且，法官的解释毕竟还受到了法律知识传统的影响。作者假设：法院如果提出一些倾向性的态度，则可能会有更好的影响。

如果权利话语和法律语言不是这样强势，以至于已经压倒了其他一些思考和表述事物的方式，那么，它还可以不必对自己所造成的后果负责任。但是，当它日复一日地造成了众多的社会后果，而它自身又不对此结果反思，的确就成了一个重要的问题。需要对此话语现象本身进行一定的反思了。事实上，法官对于权利话语和法律语言的强势影响所造成的后果也是有所反思的。比如布莱克门法官的认识：“当现有的方法与传统上的概念无法很好地适应或者无法证明其能够

充分应对新问题时，我们的法律、我们的程序概念必须要僵化到使我们陷入无助的境地吗？”（第148页）

所以，对于美国权利话语的整体特点，可以作出如下概括：权利话语处于强势地位；权利话语在表达许多事物的同时不适当地剪裁了事物本身；权利主体的假设使得个人仅仅成为一个索取的而不是负责任的个人。

其实，在美国之外的其他地方，人们对于权利话语作了许多的限制，法律语言的使用并不具有在美国这样强势的地位。美国的权利话语，由于它所具有强势地位才使得它的缺陷造成了另外的社会后果，对其他社会领域（如强调集体伦理的家庭、政治、社群、传统等）构成了破坏作用，使个人逐渐成了一个如权利话语所假设的“原子式”个人。因而，就可以理解美国的另外一些思潮，如社群主义、共和主义、保守主义等的价值，它们都是针对权利话语的缺陷而提出自己的主张的，也提出了它们有力的反驳：“一项对其私生活享有的个体权利是只涉及他一个人的吗？它具有‘不可分割的社会维度’吗？道德对于法律是毫无干系的吗？在塑造和维系‘无此则人们便无法同生共息的制度以及政治与道德观念的共同体方面’，法律拥有正当的角色吗？”（第196-197页）

欧洲法院的一些司法实践，对美国的权利话语实践是具有启示意义的。权利话语可以以不那么强势、不那么垄断性的思维方式来表达“权利”本身，从而为其他的看待事物的视角留下余地。但欧洲法院的这种司法方法则是来自美国的普通法法律传统的。

权利话语的强势地位，使得权利话语成为一种修辞，一种较少实质内容较多虚浮形式的表达方式。此种表达方式虽然在美国权利话语的传统中能够有利于话语使用者解决自己的一些问题，但是对于整个社会来说，权利话语的过度扩张造成的缺陷是需要以社会整体来承担后果的。这样一种公共话语，尤其是缺乏责任的公共话语，可能造成美国政治和公民社会的萎缩，造成人们对相关问题缺乏真正的思考角度和表达方式，尤其容易造成与法律思维相关的道德的、社会的、宗教的、政治的等问题的困难。这已经是一种事实：“当政治人诉诸口号与想象而不是信息与理由的时候，他们损害了所践行的公民职责。由于太多的话没有说出口，于是他们便人为地在官方言论与我们为了弄清生活的意义而必须疾呼的话语之间制造了矛盾。对于许多人来说，其结果就是一种对政治的普遍挫折感，而评论者们却经常错误地将其归结为公民的冷漠。”（第227页）

“太多的话没有说出口”，是一个非常准确的表达。由于一些话语成为强势，使得使用某种特定的强势话语非常容易表达清楚自己的利益诉求，而又由于某些话语处于弱势，甚至不能表达，使得需要借助其他话语才能曲折隐晦地表达自己的利益要求和价值观念，这就使得这种表达一开始就注定了是缺乏说服力的。关于物权法的一封“公开信”，就是以一种带有意识形态意味的强势话语对纯粹的法学话语的一种反对意见。人们能够很容易地批评“公开信”，因为它的话语是很容易批评的，但是人们却往往忽视了“公开信”背后所无法清楚说出的想法，因为它缺乏相应的话语来表达。而围绕“公开信”所进行的许多赞同与反对意见也就事实上不得要领。人们赞同或反对的都是能够明确地在话语中体现出来的东西，但是由于某一话语并不是恰当表达人们意愿的方式，所以人们有许多的话说不出来。而人们说得太多的那些话对于表达某些想法又有些无效。如果制约权利话语的社群主义、共和主义、保守主义等比较复杂的话语类型能够成为表达多元诉求的一种方式，那么，也许“公开信”既不会使用已经有时隔世的“意识形态”语言，也不会采取“政治话语高压”的方式逼迫“权利话语”必须撤退。

当然，任何国家的问题要解决还在于其自身。当代中国法学话语也面临着一个类似的前景。即当法治国家建设成功之后，权利话语会不会像今日美国一样，出现诸如责任缺失、道德无序、社群崩溃、传统分裂的现象？在传播或研究权利话语时，能否对美国的现实有一些借鉴。当然，权利话语在当代中国，尚属弱小，尤其在中国传统中，权利话语基本上属于“小人”话语，对它的道德和伦理限制相对于美国来说是比较强大的。不过，中国社会的变化速度是令人无法预计的，也许观念的突然转变会出人意料，对权利话语可能的问题提出一些建议也是有必要的，事实上现实中已经发现了与美国相似的情形。

诚然，在当代中国“权利”观念仍然是需要进行广泛的传播的一个现代观念，法学话语在当代中国的政治社会生活中的地位仍然是处于弱势的，对权利话语的反思不代表本人对法治道路和法律治理的反对，相反本人更倾向于论证法律治理的正当性和合理性。但是由于作者的立论与其论点的实际影响可能会截然相反，需要作此说明。虽然如此，由于权利话语在当代中国的影响力正在迅速增强，对其反思也应当早日进行。人们相信什么，世界就变成什么，而目前中国的权利话语是有此种倾向的。因而，在法学话语应当继续大力传播与普及的现在，这本对权利及以权利为核心的法学话语提出反思的美国法学著作，对于当代中国就是一本有意义的著作。

〔（美）玛丽·安·格伦顿：《权利话语——穷途末路的政治言辞》（世界法学译丛），周威译，北京大学出版社2006年版〕

（2007年12月5日）

读雪珥的《帝国政改》一书

雪珥的《帝国政改》一书，本来是随意翻翻，翻过之后，觉得不错。

此书写晚清的改革，但透着明白人的智慧。有时觉得有些“影射史学”的味道，但却很有节制，并不再多说一句，任由你体会。

晚清的改革，成败利钝，难以评说，采取任何一个立场，都会遭到其他人的反对。不过，我觉得立场不重要，我们共同完成对历史的认识，从而有助于达成对现实的理解，更为重要。此书的好处即在此。作者看来也并无意博取大众的掌声，在“阳春白雪”与“下里巴人”之间，宁可保持思想的高度也不想获得传播的广度，作者自己搞房地产的，不以写作谋生，是以比学者更有自由也。

书要自己读，说几点新印象。

一是，“叔嫂共和”的概念，把垂帘听政与亲王辅政的合作，视为晚清的一个体制。这比一般所说慈禧太后一手遮天的那种似乎更有自己的见解。恭王的地位提高了不少，但已经在其他书中交代，在此书中这个不是主题。以后再找来看。

二是，把百日维新之后，慈禧对光绪的处置，看作是为了保光绪皇位的不得已举动。因为光绪的猛药得罪了全体官僚嘛。这个也似乎比较新鲜。

三是，把晚清的国际环境，讲得似乎比过去所想的要亲善得多，不少国家对中国并无领土野心，也希望能和一个有执行力的政权打交道。这个更合乎道理。

四是，沈葆祯在回购吴淞铁路之后，将其拆毁，同时又将材料运到台湾修了另一条铁路。作者给了一个比较满意的解答。沈氏要先保政治立场正确，不敢在行动上为自己惹来祸害，避免让人说自己是政治上不可靠的右派。

五是，以盛宣怀为代表的国企和以买办为代表的洋企，大有今日国企和民企与外企等各方能对号入座的感觉，但确实比过去的那种讲法，要更有条理，更能说明问题。

六是，讲翁师傅是光绪看穿其伪君子相后，自己抛弃的，而非被慈禧所逼。这个也头回听说。

七是，对清末四大亲王的政治行情图的描述，颇有新意，一般写历史的人，估计少些清晰的展示办法。这也是不以行内规矩行事却能自我作古的外行人的好处。读来颇感亲切而明白。

总体来讲，此书有强烈的现实感，而不仅仅是在讲历史；虽有现实感，却并无实用主义的“影射史学”的毛病，只是让人能够体会历史与现实的连续性和相似性。人性是一样的嘛。使用的材料，很有些新意，尤其是一些当时各国报纸的漫画图片等。作者已经入籍澳洲，虽然还在中国经商，但似乎立场更为超脱和自然，看历史看现实，更有其中立性和明白处。

如果非要说缺点，恐怕就是，把政治当局想象得太负责任了。政治当局中的各派系人物，如果都有责任心，都顾全大局，那不就已经是理想的政治了吗？不过，过去的缺点是把政治领导人说得过于昏庸、颟顸，现在这种讲法相对公允一些。比如庆王的形象似乎也好看了许多，他“特别能团结干部”，似乎是谷俊山一类的从政高手。

如非求全责备，此书仍是一本难得的好书，值得一读。

十年前曾读过一本台湾学者写的《中国近代史上的关键人物》，当时觉得那本书不错，可惜没有收藏。那本书也很好。

〔（澳）雪珥著：《帝国政改：改革需要顶层设计》，线装书局2012年版〕

（2014年10月12日）

张申府《所思》读后

张申府《所思》一书，清通简要、令人可喜。该书文体颇类史家读书之札记，但用以表现哲学家的思想，更有意味。

此书包括《所思》与《续所思》，曾于1931年和1933—1934年发表。近日读之，有几点印象比较深刻。

一是，30年代中国社会科学与哲学领域对世界的了解与跟进，似超过今日。

张本人对罗素比较偏爱多些，但除了这点，他对当时的思想动向把握甚好，今天已经为世所普知的维特根斯坦，他说来平平常常，直接讲他的思想如何如何。对罗素称“百提”，平等地谈论其思想，并无崇洋之感（钱钟书《围城》中有一点不知是否从此转来）。尤其对爱因斯坦的理论也能以从容之态谈论，在今日学科分界严格的情况下，此种学力真不可想象。

今日学界对洋大人的学问，似将其作为一种垄断性的吃饭工具，圈地而研究之、吃喝之、霸占之，颇类老虎先撒泡尿占住地界，“一山不容二虎”，你来我就决斗。哀哉！

其弟张岱年先生的重印序，实际也比较含蓄地指出了30年代的成绩甚为可观。其实，张岱年先生本人在30年代大学毕业没几年时，就已经写出《中国哲学大纲》的名篇，然而后来在漫长的岁月中并无再多更伟大的创造，原因能不令人深思？看搞“新理学”的冯友兰和搞“新心学”的贺麟的生活智慧与放弃思想，也只有令人惋惜。停止自己思考的头脑何止一二，而不习惯甚至仇视自己思考的风气又何止一代。

二是，恒有中西对照的观点，以思想对读和检阅思想，为真学术。

这一点在今日更为可贵。中国人自身的生活与观念，自成体系。西方或他国的话语与观念，与他们的生活自相关联。在中国处于弱势的情况下，能够轻松地以思想对思想来思考，自然地有“比较”的意态，今日“比较××学”甚多，实际反而因无此种平等心态和客观了解而不能比较。因无此种视野。学术与思想，应当相互促进，而非以学术取代思想，甚至消灭思想，今日中国的学术界，甚有以学术代替和消灭思想的趋势。

张本人不仅读英美法德学者的书，似对俄日学者也有关注。这种知识的及时了解与平等对话，觉得有两点颇值得注意：一是，有文化主体的态度，你的是你的，我的是我的，并不丧失自我、自我降格，不作思想投降主义；二是，学术交流似较方便，购买原版、学者访问等似容易些。按全球化进程，应当是今日交流更方便才对。建议开放洋出版社在国内的直接或代理销售，使学术图书能与世界市场接轨；建议改善今日大学图书馆的采购与陈列方式，更便于学者使用，不少学者宁肯自己购书建成自己的私家图书馆也不再使用图书馆，值得阔气的大学反思；建议对于互联网的学术使用，能够减少不必要的障碍。我每每浏览英文网页，不是打不开，就是半天打不开，求知意趣顿失。学术的适度自由与宽松，甚为必要。

三是，思想不能离开思想者自己。

有的学问与己可以无关，数学家的工作恐怕就不必要把自己代入。但人文社会科学研究，如果工作与自己的人生与生活相关，则工作投入并不感觉疲倦。维特根斯坦的想法，看似与己无关，实际关系是没法分开的。《所思》之所思，范围没有边缘，但把广阔的世界与浩瀚的宇宙作为思维驰骋的领域，随意出入，无所拘束，表达也似天马行空，有时比较随意，有时竟尔不知所云，但作者自己的思维已经得以展开，这种思想的享受，今日学人恐怕多已缺乏。

张先生是一位思想家、哲学家，且是可与世界思想家平等对话、交谈的哲学家，此种精神与风度令人称叹。在学人的生活过于成问题，或者其精神空间过于狭窄时，均难有此种气象。

当然，今日学界已经有不少优秀的学人，其学力大大超过前贤者亦有之。但以今日学术界的规模，只有这样几位牛人，似乎贡献还是少了些。

或谓，张申府因在北大图书馆领导“北漂”青年毛泽东时态度太严厉，导致他在新中国成立后的中国政治与思想舞台失踪。实际上，以他比中共成立都老的党员资格，估计得罪与否都得失踪。不然，让别人如何出类拔萃。这是失踪者重新回来后值得史家讨论之余事也。

（张申府：《所思》，生活·读书·新知三联书店2008年版）

（2014年10月7日）

牟宗三良知坎陷之义

牟宗三教授的“良知坎陷”说，最初读来颇觉神秘。近日重读《中国哲学十九讲》，结合十三、十四两章的内容，觉得似能接受。

人本有良知，但人又有私欲。私欲必然要掩盖良知，天人相交战，就看哪方能胜出了。良知胜，则清静心生；私欲胜，则受染无明。

但良知的坎陷则与此不同，牟公自己的翻译是“self-negation”，这是指已经达到良知境界的人，主动地把自己的境界下降到世俗常人的等次。降到这个层次干什么？完全是为了他人。如果是为了自己，则自己已经实现了觉悟和解脱；为了他人，就要看他人是什么层次的，有什么需要。佛教的术语是“留惑润生”。

我想，地藏王菩萨在地狱中坚持，发愿“地狱不空，誓不成佛”，大约和战场上长官肯牺牲，说“我一定和同志们战斗在一起”类似，不会为自己而到安全处躲避困难与危险。

现实当中，有一些有理想、有操守的人，面对腐败的政治局面，勇敢地进入政坛，不是要为自己捞好处，而是要牺牲自己的清誉和清名，“与狼共舞”，为的是有机会对现实做出一些改变，大约也近于此。

现实中做人做事，也就要如此。以阅读为例，《红楼梦》算是经典，“马小跳”系列就肯定不是，但给小朋友还是要推荐读马小跳。

明白的家长一定不会把自己的审美标准强加给小朋友，你必须牺牲自己的品位，才能真正实现孩子的成长。嗯，我大约就经常犯这个错误，觉得学生应该只读经典。

文化建设也是。现在不少城市建了歌剧院，广州也有。就我来说，我对歌剧真的没有兴趣，对音乐会也不大感兴趣。领导们有时如果真想提高群众的文化素质，可能还要有一点迁就和俯就大众的那种态度，才能真正地把事情办好。

明知道什么是好什么是坏，还要选择一个差一些的？就是如此。如果仅仅是为你自己，你可以自由选择。如果要为他人，就要考虑他人的感受和接受能力了。所以，牟公说，当圣人与当总统不同。然也，当总统不自由啊。

（牟宗三：《中国哲学十九讲》，上海古籍出版社2005年版）

（2014年9月24日）

莱布尼茨和罗尔斯的相似处

读莱布尼茨《神义论》，感到其理路与罗尔斯的《正义论》颇有相似处。

莱布尼茨的目的是论证现实世界的合理性。上帝创造了这个世界，上帝创造的是最好的世界。难者曰：那为什么这个世界上还有恶，还有不完善处？这岂不是说上帝没有能力创造最好的世界吗？如此，上帝还是全能的吗？

莱氏的回答是：其一，所谓最好的、完善的存在（世界），那就是上帝本身的品质了。上帝的造物必不及上帝。不要把主人及其造物混同。这种要求和认识是不对的。其二，上帝有创造最好世界的能力，也有在各种可能世界中选择最好世界的慈悲和大爱，你不必怀疑这一点。而此世界还有恶和不善，原因在于，上帝创造的是一个整体的世界，如建筑师，他设计整个大厦时，个别细节未必是都符合你意的，但整体上是最好的就可以了。以你个人的角度、生命的短暂、智力的局限，来质疑上帝，你可真有胆啊。所以，此世界仍是最好的世界。证毕。

罗尔斯的正义理论，似有同样的特点。让我们考虑一下一个正义的世界该是怎样的吧。（谁让你考虑的？你考虑有用吗？）它应该是按照两原则建立的社会，一是平等的自由原则，二是差异应有利于最不利者原则。（这原则哪儿来的？）你同意不同意？（我要不同意呢？）让我们假设有一个原初状态（这就是创世纪了），再有一个无知之幕（这就是无特殊立场的上帝之立场了，人是不可能采取此种立场的），你来判断下是不是接受这二原则？你肯定接受了。（谁说的？）下面就是复杂的论证了。这个论证不用说，越复杂越吓人。不过，论证完了之后，大家的表现嘛——各干各的！

人们会选择些好听的话，尤其是很有道德光辉的话来表白自己。要做个好人，做人就该如何如何。不过话只是用来说在场面上的，下面该怎么干，还怎么干。到分好处时，嘴里叫哥哥，手里摸家伙呗。

莱氏远矣。罗尔斯的理论出来后，颇有市场。原因何在？看来，神义论的传统是有一定影响的。读西方学者的书，有一个背景是中国人没法具备的，那就是《圣经》。此书是生活中最普通、最常见的书，美国的每个旅馆房间都有一本，无他书可比。（其他国家没去过，不太清楚）西方学者除了写神学的外，都不引用圣经，但这种骨子里的神学观念和思维倾向，是没法消除的。

罗尔斯的正义理论，估计符合大家对现实世界的神义论解释，我们要对现实中的恶表达一个态度，此态度表达过后，大家就放心了。给世界一个解释，让自己过得安心。

〔（德）莱布尼茨：《神义论》，朱雁冰译，
生活·读书·新知三联书店2007年版〕

（2014年10月2日）

《战争与和平》的体裁及其他

读完上海译文社版《战争与和平》，此书中译本一百万字，诚可谓皇皇巨著。

首先，本书的体裁值得注意。

此书体裁与一般小说不同，作者的说明指出："《战争与和平》是什么？它不是长篇小说，更不是长诗，更不是历史纪实。《战争与和平》是作者希望也能够通过一种形式来表达的东西，它现在借以表达的就是这种形式。"这是作者希望表达自己想表达的东西而有所创造的形式。当然，它有些像小说，也有些像历史纪实。尤其是让习惯于阅读小说等文艺作品的读者感到不习惯的是，它经常会进行理性的讨论，还有些像学术作品。

本书的主要内容是以1812年拿破仑入侵俄国的历史事件为时代背景和重要内容来展开的。

不过，本书虽然写了战争，但还写了和平。它不同于一般作品之处就在于，作者的视野始终没有被一件事情所左右，也没有被狭隘的爱国主义所左右，作者事实上在某种程度上代表着当时的思维水平和思考高度。可能除了对于库图佐夫作者因为要为这位伟大的将领辩污而有一定的过了度的褒扬外，对于所有的其他人，都恰如其分地给予了评价，尤其是对于“历史伟人”拿破仑，作者敢于违背公认的评价将其有意识地扮演自己的小丑的一面展示出来。对于俄国皇帝亚历山大，作者也仍然给予客观的描写。写一部民族战争史的作品，没有被狭隘的立场所裹挟，始终以一种超越的宁静的眼光看待这一切，这应当是作品的伟大之处。

作者大约在1860年代中末期完成，写作时间超过五年，距离战争发生时间约半个世纪。为写好鲍罗金诺会战，作者特意赴战场考察，感受当年的历史风云。

关于和平。战争是重要的，然而作者并没有把战争视为全部，而是关注所有人物的历史命运、时代命运，甚至关注所有人物的生活细节。当然，限于作者的视野，他只能反映他熟悉的贵族们的生活，但贵族也仍然是充满人性的。尤其对于人物的刻画，都充分、饱满，能让我们相信在生活中确有如此真实的人物。

关于和平的细节，贵族们的关系，俄国大人物们的派系，各类人物的组织与活动方式，贵族们家庭的生活。尼古拉与多洛霍夫的那场赌博，罗斯托夫家族的狩猎，皮埃尔加入共济会的具体经历，都呈现了俄国那个时期生活的重要侧面。没有这样丰富的历史现象的记录，本书也无法提供俄国历史的一幅宏伟画面。当然，更多的细节还有许多，正是如此多的细节记录，给本书增添了无上的魅力。

其次，本书中丰富的人性记录值得关注。

作品当然有其中心，有其主要人物，一般认为是从对四个贵族家庭的描写来展开的，四个家族中，皮埃尔、安德烈、尼古拉与娜塔莎占的分量多些。阿纳托利和海伦虽然也有分量，但对于他们两人展现得更多的是贵族生活的负面，因此也容易受读者忽略。

虽然如此，这些人物都展现了人性的力量。爱情在其中有着重要的分量。贵族男女之间的爱情，情人们感情的详细描写，包括与这些感情相关的许多其他因素，财产等利益的考虑，贵族丑恶生活方式的影响，使得这些感情更加复杂。娜塔莎的天真、对爱情的投入、所受伤害及其恢复、献身家庭的可爱，等等。公爵小姐的牺牲、索尼娅的牺牲，俄国人对于牺牲的那种态度。罗斯托夫伯爵夫人最后在生活中的消磨。

皮埃尔先加入共济会，后有了宗教体验，精神上有了不同的升华。安德烈投身战场、专注家事、投身改革、再次从戎、伤后的精神体验。这两个人物作者倾注了自己的感情。而其他的人物同样地非常精彩。瓦西里的左右逢源，海伦的情场得意，阿纳托利的情场高手，杰尼索夫的战场表现，甚至多洛霍夫也不仅仅是一个赌棍，而成为追击法军的游击高手。

余韵未竟的是，作品写了皮埃尔到彼得堡后的成功活动，尼科连卡对自己成长的青春意愿，都使得能够对历史的延续有着强烈的感受。

第三，作者对库图佐夫特别有感情。

库图佐夫是作者倾注了心血和感情的重要人物，虽然作者并没有进行过多的正面描写，仅仅写了在众人面前的库图佐夫，但仅仅这些场景就已经足够将一个伟大的历史人物写出来了。

作者认为，唯有他领会了当时的历史事件的意义，在与法军作战时，保守持重；在应当放弃莫斯科时，果断负责；在追击法军时，从容不迫，尤其是保持了一种宽容的人道精神。

是不是只有库图佐夫才领会了历史事件的意义？也许吧。但由于此人被俄国的公共舆论进行了非常负面的指责与丑化，作者的这种描写就更具有勇气，也负有作品之外的其他使命。这一使命是很好地完成了。

四是，如何理解作品中的不时出现的评论。

曾经看到有的评论指责作者老是忍不住离开作者立场站出来说话，尤其对历史人物的评价问题进行过多的理论讨论。可能文学界的读者，对于这些讨论缺乏足够的耐心，有的也缺乏理解这些讨论的知识兴趣甚至思维水平。阅读这些讨论，其实应当将其与马列主义作家为代表的历史唯物论相联系。作者讨论的是，历史上大人物与普通人，谁对历史负有更多的责任，谁是历史的动力？这一问题在此之前是有结论的，而作者对此结论是怀疑的。不仅如此，作者其实还要在康德哲学的水平上思考，自由意志与决定论，究竟什么是决定历史、决定人性的力量。

作者进入细节，对拿破仑和亚历山大，对战争的指挥者库图佐夫，尤其是在俄军中的德国指挥官，他们的指挥作用所发挥情况进行了分析与描写。战争是一个动态变化的事件，而且没有人能够理解正在发生的战争。库图佐夫理解，拿破仑也理解，前者不愿意投入战争时是因为知道要败，将鲍罗金诺战役视为胜利是因为知道已经胜利。拿破仑同样如此，他在扮演自己的历史伟人角色时知道自己的魅力，他在不敢投入二万近卫军进入战斗时知道已经失败。而理论家、历史学家，却与当事人的现实感相距甚远。

以战争为例，人们远远不能依据那些保存下来的材料来讨论它。没有可保存材料的那些事件和人物，那些人物的行动与想法，已经悄悄地随着历史远去，但是他们在历史事件中的作用却在塑造了历史之后永远保存了下来，只是我们不知道，即使知道也没有给予应有的评价。艺术家的可贵与自由就在于，当他感受到这一点，他可以创作，可以再现，可以恢复，他自己就是自己的材料，他相信这一点是因为精神上的力量可以相互感应。

没有这些讨论中问题的强大诱惑与驱使，作者不可能写出这部巨著。

当对于1812年的战争与和平写作结束了，作者对于这些问题的讨论也就结束了。因为，他已经解决了自己的疑惑。

一部历史巨著，可以讨论的问题与角度是不可胜计的，不过，作者其实是展示了自己的问题史，精神的成长史，同时这部作品代表了人类所能提出的最高水平的问题，作者的回答，其实也是人类对这些问题所能作出的最好回答。后来的哲学家们从中汲取了养分，对于历史的理解就提供了普及性的有了更好的答案。

但最早的问题是托尔斯泰提出的，也是他回答的。只是他提问的方式与回答的方式，前无古人，有人不理解，因为他不觉得这些是问题，也不觉得自己给出了高明的答案。

我觉得，如果有康德哲学的常识，对于作品中的这些讨论，可能会有更多的同情和兴趣。要知道，在他提出这些问题前，当时的时代还没有人提出过，他被问题纠缠着，又只能以自己擅长的文学形式来探索答案。伟大人物总是在推进人类的自我理解上，有着开辟之功，后人不理解他们探索的艰难，往往容易忽略他的精神探索上的曲折，有些批评就显得轻忽了。

（2015年1月25日）

《论语》的读法

近读李零两本读《论语》的书，《丧家狗》与《去圣乃得真孔子》，读完之后，感觉有些诧异与惘然。

李零的书写得实在、朴素，显示出一种功力高深的学人气派。关于《论语》写到这个程度，其他人恐怕就不好再写了。

不过，李零对《论语》一书与孔子其人的看法，却使我感觉到一种巨大的失落。

什么原因？

读钱穆的书，有与此不同的感觉。

我意识到，《论语》的读法可能是一个原因。

李零未必不对，钱穆也有其道理。

李零非要说孔子是丧家狗，还以其史家的考证功夫来塞众人的嘴。这个，如果有人说：李零是条狗，不如丧家狗。李零会如何反应，颇值得一猜。

这是篇小文，仅记下点滴的想法。也不必多写。

其一，《论语》一书与现实生活的对照，会形成不同的阅读效果。

中国传统社会，大约在中国红色革命之前，是一种状况。费孝通写《乡土中国》时仍然大体有此种状况。上世纪80年代中期以前，也仍然部分地有此种状况。在小平的改革事业之后，尤其是2000年之后，中国的面貌已经大变，读《论语》缺少了一个重要的现实参照。许多话，读来感觉已经不同了。

你可以想象，中国古人读《论语》，与现实生活形成参照，再加上孔子的思想权威地位，读书的感觉是会不同的。今日《论语》因缺乏了一个重要的参照对象——活生生的社会现实，读书就只能仅仅从文字上理解了。这种理解也就比较贫乏了。

这时，我们读《论语》的感觉，就与黑格尔对孔子的评价就很相似：一个世故的老头，讲了些生活小聪明而已，根本读不出大智慧。实际上，李泽厚已经有此感受，在其《论语今读》中仍然重申，他不喜欢此书。

有人喜欢，有人不喜欢，喜欢者、不喜欢者都有原因。但人情有极大的共性，实际上，他们在分别阅读同一文本时，读出了不同的味道。而宋人喜欢它，是因为能读出味儿。

此味儿产生的条件发生了重要变化，那种美好的阅读效果就非常难以产生了。

这样解释，我们能理解如子贡、孟子、司马迁、宋明理学家直到马一浮、梁漱溟等人对《论语》真诚地喜欢是为什么。也能理解，我们读不出味儿来，又是为什么。

这样，就有可能在李零的文本研究之外，继续进行若干研究与解读。

其二，阅读的先见、态度对阅读效果有影响。

李零是一定要把孔子打回原形，坚决不同意把孔子神圣化。所以，一定要把孔子的那些话还原回去，这也没有什么不好。中国缺这种态度。

不过，如果采取向优秀的智者学习的态度，读书就会读出新意，也会读出格外的好处。

《论语》的读者历史上不计其数，采取李零态度的人是极少的。像李零这样大胆和思想解放者也需要相应的环境。不过，此种“科学的”态度在有其好处的同时，颇有文化解构的巨大力道，把一切东西都还原与解构，实际上，如同用显微镜照美人的脸，用解剖术分析美女的体形，美虽非科学分析可见，但能为科学分析所破坏。

文化的意义，尤其是长期形成的巨大的孔子文化，李零以为，那是假的。文化又有多少是“真”的呢？耶稣其人、《圣经》其文，如果按李零的搞法搞一下，其实也经受不起。但西方的科学家还是，到单位上班搞科学，到教堂礼拜念《圣经》，两不耽误。“文革”中写了《中国向何处去》的名人、著名经济学家杨小凯最后也是信了基督教。毕竟，没有信仰是痛苦的。

按解释学哲学的观点，我们能看到什么，能读出什么，并不完全受文本自身的内容所决定、所限制，我们自己的意愿和创造力，会使文本显示新义。

一、二两条有联系，我想区别一下。其一，想说明，社会环境与社会生活本身的变化，导致《论语》文本与现实生活的对应，存在了错位。不少内容对不上了或直接对不上了。读者感受会少一些、弱一些。其二，想说明，采取“六经注我”的阐释方法，比“我注六经”的科学读法，可能更适宜读《论语》这种与文化传统关系密切的文本。

讲到这里，似乎有些释然。

《论语》在我心中似乎重新恢复了一些生机。

所以古人说，古之学者为己，今之学者为人。熊十力先生骂徐复观说：你这个东西，专挑书的毛病，不挑书的好处，怎么能读出益处来。

古人不敢非议《论语》，其过是太相信权威，失落了自己的主体性。今人过于张扬，非把《论语》请下神坛不可，受理工科教育者甚至根本没有读过《论语》一书，那更惨些，其过在于，太看轻了古人的智慧。

李零是牛人，我很佩服他的各样研究，包括《论语》那么细的工作，就超越一般人。但他对“丧家狗”的解释，没有说服我，估计其他人也难以服气。不过，有这种《论语》的读法也很好，过去太缺少这种科学地对待孔子与《论语》的精神（这种精神其实可以运用到各种文本的阅读上），所以它也很珍贵。

（2015年1月10日）

“无礼仪之邦”

中华，向有“文明古国、礼仪之邦”的美称，不过，这些年来却往往深切地感到：我们伟大的祖国目前真正是“无礼仪之邦”。

这一感触由若干情景引起。

其一，有一年，我监考本科《法理学》课程的考试，我站在讲台上，看到我所教过的学生一个个熟视无睹地从我面前拿了包或书，无声地走过。后来，一个东北的朝鲜族学生，对着我鞠了一躬之后才离开，我当时颇为动容。这就是尊重。汉族的同学未必一定不尊重我，但他们没有表达尊重的行为方式。

其二，较早些年，我因参与某科研项目工作，和法学界的几位名流有一次同桌吃饭的机会。在“八项规定”之前，一般地，吃饭就是喝酒，喝酒就是喝高，喝高就是尽兴，尽兴就有了今后合作的感情基础。这体现了中国饮食文化的传统，估计一时难以改变。某老师天生不能喝酒，但在此气氛之下，不喝也不好，还是喝了，也就喝多了，当然就难受地先行告退了。第二天我送他去机场，路上聊天时，我忍不住说：“你们搞传统文化的，怎么不搞些合适的吃饭仪式呢？”这问题当然难以回答。在我心目中，学者们吃饭似乎应该和市井之流吃饭有点不同的味儿才好，总得有点高雅的吧。后来有一次我参加某省级机关牵头的调研，机关同样是如此的吃喝而已。

其三，近日有人为我介绍英国一个家庭的氛围，更有感触。主人的女儿携一双三、五岁的儿女从纽约回家探望父母，他们搞了一个正式的家庭PARTY，比较正式，附近的亲友都出席了。友人的感受是：其实老外也很重视家庭的氛围，方式是很隆重的，孩子们也能感受到家庭的情谊与尊重；形式还是必要的。

其四，曾在电视上看到一个新闻，领导人给人民英雄纪念碑敬献花圈，然后，大领导上台环绕此碑一周，然后，用手整理花圈上的飘带。这个应当是我看到的最有礼仪性质的一件事了。当然，阅兵式可能也算一种吧，不过它总归还是战争期间的军事礼仪，越少见越好。

触动我的场景可能还有，不过上述是比较印象深刻的。

我觉得，我们应当诚实地承认，经过多年的折腾与被折腾，我们终于将自己建设成为一个“无礼仪之邦”了。

我们不能不承认，事实上我们目前就处于一个“无礼仪之邦”的状态。

孔子讲：文胜质则史，质胜文则野。文质彬彬，然后君子。由汉唐宋明以还，可能是一个不断地“文”的阶段，把生活搞得过分繁琐、过分复杂，把人的精力都消耗在那些无谓的讲究中了。从清末以来，可能是一个不断地趋向“质”的阶段，以为所有的不幸都是这些穷讲究给害的，恨不能与其一刀两断，将其彻底扔进历史的垃圾箱。最后，终于，生活由繁琐、复杂终于变得干净、彻底，直指本质，人就是活着、活着，吃饭、吃饭，当你进入讲究阶段，标志就是可以由吃得多些，到吃得好些，再到吃得浪费些，如此而已。当你当了大领导，你为大家带来的就是搞个大型活动，盖个大型场所，放个大型礼花，然后，再找下一个放礼花的机会。发展的成果体现为能够外在的排场和浪费，却无法在个人的文明与群体的文明上有其他的体现。

文化，具体落实为某种对人进行行为规范与引导的生活范型。当我们彻底抛弃了曾经规范和引导自己行为的那些方式，就成了卢梭理想中的那只森林中的“猿猴”，它赤身裸体，没有任何文明的局限，也不受任何历史的禁锢，它可以为所欲为。这好比，没有现代电脑知识的狗熊，力大无比地要求电脑按它的命令从事，它一定是把它砸碎了事。如果这个比喻有些远，可以想象，薛蟠娶了林妹妹，然后和林妹妹进行边喝酒边作诗的娱乐，“洞房里蹿出个大马猴”面对“一抔净土掩风流”，那优越感是相当充实的，当今中国文化大体就表现为此种味道。薛二代此言实在是当代中国“无礼仪之邦”之现状的先知式寓言啊。今日中国大学中的种种丑态，大多都是附庸风雅的薛蟠们在强暴林妹妹，同时装自己是个文化人时不断地出着排场的洋相。其实，你不装还挺质朴的呢，还不至于出丑。但在大学“混”，不装又叫人如何是好，只好装起来且混下去了。

好在，文化的魅力总会打动许多人，文化也可以不断创造和更新。抗战时期，冯友兰先生，我想也包括其他人，不但不因战乱而感痛苦，相反受到要进行文化创造的巨大刺激。冯氏写了“贞元六书”，金岳霖写了“论道”和“知识论”，贺麟意图创造“新心学”，陈寅恪打算创造的是“新通鉴”，一代文化英杰，都在历史巨变中付出了巨大的心性努力。

冯友兰先生常言：周虽旧邦，其命维新。并将此义撰为一联，曰：阐旧邦以辅新命，极高明而道中庸。这是时代给所有学者文人提出的历史任务，要求他们能克绍箕裘，“阐旧邦”，继承传统也；“辅新命”，创造未来也。当然关于冯氏的议论颇多，在此先不说。

100多年来，人们受着传统过度厚重的压迫，也受到现实过于剧烈的挑战。当生存问题与生活问题逐渐没有那么严峻之后，人们发现：朴是朴了，质也质了，生活也好过了，但是没有意思了。这丁点的意思，其实就是文化的意义。也就是具有内涵的礼仪，对人之行为具有规范与教化、引导与提升作用的礼仪，所必然具有的作用。

反省我自己，其实也更多地过于质朴。一部分是我个人对人过于严肃和冷峻，一部分原因就是长期在“无礼仪之邦”中生活所致，缺乏可以表达意义的那种具体的礼仪模式。我们所有人，都缺乏妥当地表达自己善意、敬意与爱意的适当方式。最好的方式就请你吃饭，对小孩是“喂”他多吃好的，对可尊敬者我们是用酒“敬”他，对于我们不屑者是用酒“灌”他，吃饭在中国交往中的地位过度突出，用弗洛伊德的理论来表达就是，汉民族似乎长期在“口腔期”徘徊，还没有长大。

前人虽然创造了灿烂的“饮食文化”，其实还创造了其他更多的文化。即便吃饭文化，我们也只捡了些破烂，看《红楼梦》中贾母这些妇女们吃饭行的酒令还有些文化味，今日是连大学教授也无足够修养表现些许风雅了。但竟然还有人感觉我们已经站立在前所未有的历史之巅呢。

好在，大家应该也意识到了这一点。不过，大家虽然意识到了，还是要有所遵循、有所规范才好，但没有。于是，我们共同在“无礼仪之邦”的现实中享受一种“礼仪之邦”的虚荣。

〔（美）露丝·本尼迪克特：《文化模式》，王炜等译，生活·读书·新知三联书店1988年版；（英）霍布斯鲍姆等：《传统的发明》，顾杭译，译林出版社2004年版〕

（2014年12月23日）

《民主是可能的吗？》读后

德沃金著《民主是可能的吗？——新型政治辩论的诸原则》，系作者2005年春季在普林斯顿大学的Scribner系列演讲基础上完成的著作。英文初版2006年由普林斯顿大学出版社出版，中文本由鲁楠、王淇译，北京大学2012年版，十七万字。

此书作者是牛人，因而其内容值得注意，本书的内容可以概括为：提出两大原则，论证四个问题。

两大原则分别是：其一，内在价值原则："第一个原则我称为内在价值原则，它主张每个生命都有特殊的客观价值。……任何生命的成败本身都是重要的，是我们永远有理由去渴望或追求的。"其二，个人责任原则："第二个原则——个人责任原则——主张每个人都对自我生命的成功负有特殊责任，这种责任包括运用其判断力，对关于生命的成功标准进行判断。"

这两大原则，或许可以分别称为平等与自由原则，内在价值强调的是每个人都有价值，接近于平等；个人责任原则强调人人对自己负有最大、直接的责任，接近于自由原则。但"接近于"终究不是"等于"，因此，最好还是按照作者的术语来理解为好。

其余的内容就是运用这两大原则来参与美国当下的主要政治讨

论，这就是本书余下部分涉及的四个问题。自然，运用这两大原则，还可以讨论其他问题，不过，由于作者只讨论了以下四个，其他的问题就可以由后人补充了。

第一个问题是人权问题。作者建议应当采取如下的人权理念：“我们最好将人权的理念做出以下解释：当政府在确定人们的道德权利方面犯下善意错误的时候，我们不要试图通过考察政府行为造成伤害的严重程度来界定问题的性质。”并提出应当接纳底线人权的观念：“底线人权是指那些为所有政府的行动设定底线的具体权利，如免于酷刑的权利。”

第二个问题是宗教问题。作者认为，最大的选择或争议是，我们要在两个选项中作一选择：“是一个包容无信仰者的宗教国家，还是一个包容宗教的世俗国家？”

包容无信仰者的宗教国家，需要一种有包容性的宗教信仰，但这个可能比较困难；包容宗教的世俗国家，则可能会包容多种宗教，这个可能比较现实。作者的建议也是后者。

在此意义下，信教自由就是一种权利，而不仅仅是一种被容忍的活动。“一个宽容的世俗共同体，必须在更基本的自由原则中为信教自由找到正当性……它必须将信教自由看作道德自由这一更普遍权利的情况之一，而不是仅将它视为宗教性的自由。”

第三个问题是赋税问题。这个问题中国法理学者则还没有将它作为自己专业的讨论对象。

可能的原因是，欧美国家的赋税有较大的份额是返还给公民的，因此，如果征税的力度过大，则由国家赋予公民的资源就会比较大，促进社会公平与鼓励财富创造之间的平衡点如何把握可能是具有技术难度的事情，当然，在民主社会中也是容易引起争议的事情。作者的建议是，资源的政治安排应平等待人，应采取平等的税收安排：“这种安排必须以平等关怀对待共同体治下的所有人，而且也必须尊重他们的个人责任。因此，一个合理的税收理论，不仅必须包含关于最佳理解平等关怀要求的理论，还必须包括个人责任之真正后果的概念，而且它必须在同一个框架中找到同时满足这两个要求的方式。”

作者区别了事前平等与事后平等两种不同的平等方式。认为事前平等比事后平等更可取。“任何一种貌似合理的事后平等，都应当将投资的运气和其他形式的运气区别开，并拒绝将前者作为再分配的基础。”

第四个问题是民主问题。作者喜欢区分，尤其是喜欢二分法式的概念区分，他把民主也区分为两种：多数民主与伙伴式民主。这两种观点即：“两种彼此竞争的民主观点如下。根据多数主义者的观点，民主由多数人的意志统治……根据与此相对的伙伴式民主观点，民主意味着民众将每个人完全作为伙伴，从而在集体的政治事业中进行自我治理。因此多数人的决策只有在某些进一步条件获得满足的条件下才符合民主，这种条件是，要保护每个人公民完全作为该事业中的一位伙伴的地位和利益。”

作者的建议是采取伙伴式民主。伙伴式民主，不同于过于简单的计算人头和拳头的多数民主，而更有向古典共和观念回归的意味。

最后，作者重申了两大原则，对所讨论的四个主题作了总结：“一个国家不应用它的法律和传统禁止伤害其公民的方式来伤害任何人；只有一个宽容的世俗国家，才会尊重其公民对伦理价值的个人责任；一个合法的国家必须以通过一种税收架构实现事前平等为目标，而这种平等来自于集体保险池这一古老政治理想的灵感；以及民主需要一种政治论辩和互相尊重的文化，而非仅仅是赤裸裸的多数主义规则。”

此书的篇幅不大，内容也比较明晰，不过值得注意的是提出了一些新的范畴，如内在价值与个人责任两大原则、包容无信仰者的宗教国与包容宗教的世俗国、事前平等与事后平等、保险池、多数民主与伙伴式民主等，值得研究德沃金理论者注意。

比较可喜的是，此书译笔较好，书前面的序言也提供了较清晰的介绍，对读者有不少帮助。

（2016年3月3日）

《没有上帝的宗教》读后

《没有上帝的宗教》，英文2013年版，中译本由於兴中教授译，中国民主法制出版社2015年版，十二万字。

这是德沃金最后一本书，据说在作者去世前未能完成最后修订，可谓一曲“天鹅之歌”。全书所说如书名，即认为不应当将宗教局限于具体的基督教或其他宗教范围内，不信仰上帝的人也有宗教，比如中国人。

这种想法，对于在宗教传统中长期浸润的人来说，是不容易的，也是颇有新意的。不过，对中国人这并不新。不如这样说：信仰与宗教不同，信仰包括对神的信仰与理性基础上的信仰。中国人的信仰就属于一种理性基础上的信仰。不能认为中国人就没有信仰，虽然中国人没有西方式的宗教。

这一区分，我感觉是来自于德沃金《认真对待权利》以及在《法律帝国》一书中曾经有重要发挥的一对范畴，即concept与conceptions，因为英文构词法可以很好传递作者的意思，但中译者要轻松地传达这一意思，困难就比较大。

我觉得可以用中国一句话来表示这个意思——“言不尽意”。conceptions=言，concept=意，表达同一个意思的话，可以有多种，但任何一种具体的表达都难以完全将意表达尽，因为，可能还有其他的表达方式存在。但意又必须用言来表达。

如果不用言来表达，那就是禅宗了，“世尊拈花，伽叶微笑”，不用话说而能传达与理解的那些意思与那些人，这境界就有神秘性了。

把德沃金这个意思搞清楚了，这本书的意思也就明白了。

他的想法是：在宗教传统中的美国人，西方人，应当对于宗教有更宽泛的理解，至少要理解其他宗教，比如伊斯兰教。而各个宗教，对于并不信仰一些人或神的那些世俗信仰者，也要承认他们是有自己的信仰的。有神的宗教，并不高贵。无神的宗教，也不低贱。

这个意思不难懂吧。

具体的内容，值得注意的大约有如下几点：

一是，宗教观有两个核心价值：人的生命神圣观念与自然神圣观念。中国人目前对后者的过分忽略，值得注意。

二是，应当区分传统宗教中的两个部分：科学部分与价值部分。

这一区分有意义。宗教是个整体世界观，科学部分必然包括对世界的解释，那种解释如上帝造人显然陈旧了，应当承认科学的地位。价值部分则是永恒的，如自由、平等、诚信、正义之类。宗教的贡献和作用主要应当在后者上体现与发挥。

这一区分，可以很好地处理与现代科学技术的关系。

三是，对宇宙之美进行了较多的讨论，这可能主要是作者自己需要。亦无甚高论。

四是，讨论宗教信仰自由的具体内容。这一部分，可以和之前已有的“对不宽容者的宽容，是不是宽容”相类似的意义上理解。

五是，论及永生。可能作者临近人生暮年，对此问题有持久思考，不由不说。按他的观点，人应当尽可能把人生过好，标准是，活得值。将生命活成一个艺术品，一种创造。这个境界与中国古人讲“三不朽”相比，也没有高明到哪里吧。

中译本书前有於兴中老师对德沃金整体思想的一个介绍，讲得比较清楚。可以以较少时间知道较多知识，是投入少产出多值得做的好事。

德沃金后来的思想越来越宽阔，从《至上的美德》开始，进入政治哲学领域，到《没有上帝的宗教》显然进入到人生哲学、宗教哲学的领域，一个法学家，愿意想什么，就想什么，一辈子能想这么多，本本书都有人看，都能译成外文，自己思想自由了，生前也算成功了，按他的标准应该是永生或不朽了。估计五十年内应该人们还会讨论他。《纽约时报》的评价说二百年后人们还会读他的书，这个我不敢预计。

能及时读到这本书，谢谢於老师及编辑庞从容女士。

（2016年2月4日）

读四本历史学方法论的书

《历史学家的修养与技艺》（上海三联书店2007年版，四十三万字）是作者李剑鸣为研究生包括博士生开设的方法论课程形成的讲稿，后修订成书的。

作者的专业是史学，由于在专业上有强大实力，其讲话虽然朴实，但才学深厚，足为初学者效法。

从全书来看，结构合理，内容丰富，不过，要说具体哪些东西给人收获与教益，似乎又不好说。

学术规范是一种操作性的规则，还好说。方法论则远比学术规范丰富，其实不外乎“以君子之心、做无功利之事”，如果怀着小人之心，虽然学术上符合学术规范，其实甚无聊。如果本着君子之心，则虽然学术上未必树立，也就相差不远。

学术规范尽管是规范，但君子一定会重视，而且会操作。

由此书顺便读顾颉刚《我与古史辨》（上海文艺出版社2001年）、梁启超《中国历史研究法》（东方出版社1996年）、严耕望《史学三书》（辽宁教育出版社1998年）三本书，梁书其实类似随谈，他大体上如聊天式地讲如何研究历史，然后告诉你要读哪些书，他是真读了，然后你基本上却不会读完，他告诉你的那些基本上你就到此为止了。顾书是回忆式的，把自己求学及读书经历以及在现代史上掀起潮流的那些事情，很平实地讲一通，他有良好的环境，也有专心的精神，他读了，然后受到时代的刺激，就做了一件事。其实就是这样，在潮流到来时，做事的人自己根据自己的能力，做了，事情有了较大影响，不期然就受到关注。但在潮流中的其他人同样也很精彩。严书则是一个更为朴实的学者，不情愿地给人谈方法，他一直专心做自己的事，好像到了一定阶段，获得地位和声名的学者，基本上都忙得把学问荒废了，于是他就显得好像特别引人注目，以至于日本学者以为，他有一个庞大的辅助团队在帮他做资料工作，其实就是一个人自己在做。

以上四书均是史学方法论，但可能其他学科同样如此，方法论其实是最没有办法教的。最需要教的东西，恰恰是不可教的，即你的存心。你是把这件事当成一个什么性质的事情看待呢？这个最不可教。而学术规范则近于游戏规则，聪明人把它玩得炉火纯青，你似乎也不必多教。

我觉得最合乎我的想法的是严耕望氏的看法，没有纯粹的独立的方法，这个事情不能太当回事。过于讲究方法，把方法代替功夫，代替你的投入、精神，就走向反面了。

当然，当代中国各学科的困难可能在于，由于缺乏足够的权威性典范成果，也缺乏能够在本学科具有共识性的权威专家存在，胡来的现象在有些学科比较严重，讲究方法论就是必要的学科树立的前提。

史学是比较成熟的学科，即使受到当代复杂形势的影响一度迷失，但古代与外域史学的存在，使其能迅速找到方向。史学方法论对其他学科的启示就有重要意义。这四本书，读后感到，如与真诚的学者对话，能得到什么，这全看你希望得到什么。

（2016年2月13日）

城市与它的书店

上月中旬到南京开全国法理学年会，本来想转转读书时常去的那些书店，这次就特意多安排一天时间，不过没有转成，颇有些遗憾。

全国实体书店很多都在消亡，南京也不例外。据本地的朋友告知，南京大学附近原来二十多家书店，现在竞争激烈，只有两家还在经营。我想去的就是当年常去的那几家，看来，已经没有过去那么多店好转了。城市建设过于高大上，事实上，消灭了城市生活中许多并不需要支付高大上成本的生活内容，尤其是像书店这样的文化景观。

没有书店的城市，好像没有心灵的呆子。我指的主要是学术书店。离开南京之后，使我留恋的一点就是她的书店，当然还有她比较悠闲的生活节奏。不过，看来这些美好印象也都在城市建设的伟大洪流中难寻踪影了。

晚间抽空去了先锋书店，它规模仍然宏大，并增加了不少座椅。但因为时间紧，也没有多转。买了几本书，其中还有一套中国传统戏曲故事的小人书。在店中还遇到同来开会的外地老师，他们也是闻名而来。顿时感觉，拥有这样一家书店的城市是伟大的，学人们是幸福的。其实这家书店在五台山体育场的地下，外面看门面可能还没有一家兰州拉面店气派。但一入店，就使人有被震撼的感觉，有这么多书，而且都是学术书，尤其是还有不少人在这里看书。中国城市富起来后，已经没有钱让一家书店这么奢侈，也没有可能让人这么奢侈了，但还是有这样一家，还是有这样一些人。广州经营人文书的“红枫叶”书店终于倒闭了，但愿南京能够提供足够支持让先锋书店继续存活下去，也许它的存在就是对城市的贡献。

最近，广州购书中心刚停业装修，对广州来说，有这样一家书店也是非常不错的，它基本上是一个百科全书式的书店，从小学教辅到医药、种植，也有学术，比较丰富。它可能是全国规模比较大的一家单体书店，是我见过的最大的了。不过在学术上它所能提供的内容与我的想象还是有距离。广州最好的学术书店是“学而优”，规模还是要小多了。这从某种角度也说明了大学及其师生对文化的影响力和消费力。在市场化社会中，钱购买什么，市场就会供应什么。如果掌握财富者购买的多是非文化或假文化，社会的文化水准就会下降。广东有全国闻名的东莞嘛。钱在谁手中，谁就根据自己的意愿塑造和引导社会。下一代也就会将谁当作榜样。

上一周上课，布置了课外阅读。后问：没读的请举手。黑压压举起一大片。远远超过我的预计。微信朋友圈里的朋友也说那天上他课的人不多，理解了为什么有人会因此生气。生气啊。

也许，我们年轻时所生活的时代，只有书比较吸引人。而这个时代吸引人的东西太多了。书也就不那么重要了。这好像提出个严重的问题，我就不回答了。

（2014年11月2日）

冰雪林中著此身

初读杨绛《我们仨》，觉得莫名其妙，这说了些什么呀？太太说，写得还是很好的。把他们三人的事情讲得很真实。抽空再读之后，确实感觉到一种人生的悲凉与沧桑，无法言说，却也无法不说些什么。但如此激烈而颠簸的人生历程，又有多少事是能够说得出来的？

杨绛的家境较好，赶上民国时国际环境比较开放，属于接受过优良教育的一代女性，此类女性在之后就再也不能出现了。世家不存在了，家庭文化也失落了，国际的开放度也在二战后有了重要变化，移民与签证制度也规范起来了。也就没有继续生长此类人物的环境了。

杨与其丈夫钱钟书，都属于纯粹的读书人。读书人有读书人的好处，但恰恰也有其独特的毛病，一般人会忌讳这一点，但钱钟书写的《围城》就没有给读书人留面子，事实上也没有把自己当作一类特殊的人物。这在当代院士、专家颇吃香的时代，人们就又多了忌讳。看研究生论文致谢中对自己导师的那番不可缺少的歌颂，似乎中国的学者是如何的优秀和高大。我自己也每年有毕业研究生写此类赞词，也能看到同事的学生对他们导师的歌颂，实在是深切知道此类话语有许多真经不起推敲。不过，谁好意思揭破这个呢。如果有学者写一部当代《围城》，其病当更深也。

其实，杨、钱与他们的女儿钱瑗三人，人生历程非常简单，而且似乎杨女士也省略了一些地方，省略是每个人讲自己的经历时不可少的笔法，这无须深求。经历大约是：书香门第、留学与归国、1949年后被留用与控制使用、有时被“赏识”，长期被迫参与运动，改革开放后开始正常的工作，因胡乔木的关照而生活与地位有变化，暮年的变故。

无论是有意无意、主动或被动，杨与钱都保持了一介书生本色，尤其令人叹息的是，长年不能宁居，没有一间像样的书房。不是他们不想有，而是不能够拥有。但他们仍然利用可能的条件，包括住办公室时利用单位图书馆，不断地读书，以强大的内心世界抗衡外在的动荡与混乱。

杨因运动受到了“关照”，后来聪明地选择了翻译行当，自己不再创作。钱则虽然创作，选择了没有多少读者的文言，都是为了避祸。同时也是为了躲避小人。选择了这种活法，即使没有胡乔木这样的人来罩，他们的人生也是安全的，也是能够将自己的意义世界坚持地维护下来的。

有时会觉得这种做法是不是太消极了？不然，当一阵风来又吹落几个过于乐观的人物，你还是得承认他们二人的选择是聪明的。尤其值得注意的是，钱钟书每天给人回信，来信人多，一一地回，消耗大量时间。但还是回。这多少也体现出钱氏为人的一个侧面。我想，恐怕主要不宜作为一个学术活动或社会交往来看待，而是应当解读为在恶劣环境中的生存智慧。

即使已经将自己的狂气压抑得近于消失，钱氏还是在1989年写了一首《阅世》诗：“不图剩长支离叟，留命桑田又一回。”忍，有时又忍不住啊。

此种人生，是聪明的，当然不是勇敢的。不过，学者没有义务一定要当勇敢者。

这好似是在一个漫长的冬天里，两个人知道，这个冬天是严酷与漫长的。于是，他们选择了最能保持体力、最能熬过冬天的方式。这有对人性之恶的充分估计，也有对世事变化的明彻理解。有人在早春天气会冒头出来，就被另一阵严寒冻死了，而杨绛，则仍然以过百高龄在看，在冷眼旁观着。

钱与杨的姿态正是：冰雪林中著此身。学者在不利于己的时势下，低调、避祸、不争、只争取安静的读书时间，只守护房间之内的意义世界。如果有可能，则以作品留给未来，留给下一代的人类。让他们来评价、来欣赏，后世一定会有知音的。如果没有呢？至少守护了自己生活的独特意义。

严酷的政治环境是冬天，但上一个漫长的冬天过去之后，学者们事实上迎来了又一个永远的冬天——世俗化与功利主义的冬天。

所谓耐得住寂寞，关键是你在寂寞中做什么，你愿意赋予自己的人生以何种意义。

（杨绛：《我们仨》，生活·读书·新知三联书店2003年版）

（2014年12月22日，冬至）

能以白眼行天下

查建英女士的《八十年代访谈录》访谈了十一个人，依次是阿城、北岛、陈丹青、陈平原、崔健、甘阳、李陀、栗宪庭、林旭东、刘索拉、田壮壮。这十一个人，皆为各领域中牛人，有的还具有全社会性的影响，远远超出某个单一领域大腕的这种影响，随着时代的变化现在这样的牛人难以再出现了。凭我个人的感觉，我比较喜欢阿城、陈丹青，看得透，也放得下，并且也有放下的能力与实力，这就更不容易。

看完此书，又在网上找陈丹青的视频看了，那一双眼睛，沉静、平稳、直视对方、旁若无人，真是世上少有的真性情者。孔子对人的分类有一种分法：中行者、狂者、狷者。陈丹青大约可算狂者。狂者，保持自我，且能够按照我的标准来对待他人，对于优秀的人，给予青眼；对于自己不屑的人，给以白眼。狷者，保持自我，但不对他人采取进攻性与侵略性态度，只能青眼，不做白眼，不惹坏人与小人啦。生活经验告诉我们，小人不能惹的、会惹火上身的。

能坚持自己的标准是不容易的。坚持自己的标准，能够予人青眼，对于自己喜欢的人物衷心地予以赞美和承认，要有做人的胸怀，这个虽然不易，也还能够做到。如果没有胸怀，一般人是不会公开地承认他人的优越之处的，你有的我也有，但我有的名气和利益空间你不能有。某些学者在这方面表现得比较明显，这个样子值得同情吧。

能坚持自己的标准，还能按此标准来评价世人，同样不掩饰自己的轻蔑态度，这就不可避免地会把人家好容易获得的一些世俗成功和名利好处，毫不客气地摔了一地，同时还让人家没有脸面。我就是不给你脸，这就是狂者的姿态。老子就是瞧不上你，你就是个王八蛋！在现在这个孱弱而耍小聪明的时代，已经很少再有狂者了。

我的毛病可能正是如此，我熟悉的一位学者曾经愤怒地批评我不够勇敢。哎，那个要本钱的嘛。我还没有那个本钱，也许永远不会有了。

聪明如钱钟书，在吃过早年逞狂的亏之后，也以狷者姿态低调地避世。而聪明如陈丹青，就有此本钱做狂者态。

坏人是需要受到批判的，小人是需要受到打击的。世上如果没有狂者，坏人和小人的感觉就不是一般的好啊。当代中国最可一笑的事情不少就是如此，最简单的比如写字。写字写得好，不一定是书法家，但写字写得不好，肯定不是书法家。但是，不少字实在太差的人，因为有势力，居然在旁边不要脸者的鼓动下不害羞地把墨汁涂在白白的宣纸上，有的居然还能以大价钱“卖”出去。天理何在？写的人固然无耻，买的人更是无聊。这时，就需要有一狂者，对此现象做白眼，拆穿这个假象。

可惜，不是人人都有资格当狂者的，狂者不是说出皇帝没穿衣裳的那个小孩，狂者是具有公认权威有一定专业声威符号的牛人，他一说话，大家就都认可了。事实就以真实的面貌呈现了。

陈丹青能当狂者，在于他确实牛，而且牛得太早，在美国纽约呆了12年，对假洋鬼子们有绝对的声威符号。有他人莫及的才华与机缘，是能够做狂者、不在小人面前委屈自己的前提之一，另外一个前提完全在于个人的心性，你是否有此种敢得罪人的意愿和胆量。不少也很牛的人不愿意得罪人，比如钱钟书，干吗花时间和小人纠缠，小人是没完没了的，永远生机勃勃；有的则更倾向于“广结善缘”，在某种意义上堕落成一种可怜的生存策略。要知道佛菩萨才有资格广结善缘啊，你算什么。不少人愿意虚伪地表扬和赞美自己并不真正欣赏的人，其实就出于此种可怜有时甚至可鄙的生存策略。尤其愿意表扬某些显示出锋芒和成功潜质的年轻人。

能以白眼行天下者，在充满犬儒与世故风气的当代其实是一个尽显侠义之气的大侠，行白眼的本钱是他的武功，予人白眼即是他的拔剑而起，能伤人的白眼即是他的快意恩仇。

世界上虽然应当多些宽容与爱，不过，世界不能因此而缺乏真善美的标准。对于丑恶，还是要有坚定的标准与立场，不可能因为你想要青眼，就不给予白眼。

看多了犬儒与庸俗，也见多了装牛×与伪赞扬、假青眼与真妒忌，咳，那种虚伪无聊特能装的假面人呐，他们把混世界得到的奖励，当作了人生的成就，还以此骄傲自满呢！

没有一个直盯盯地看着小人出丑的牛人，小人将无限地猖狂。虽然有这样一个人，又能怎样？大多数人认为，还是与人为善好啊。即使是陈丹青，还不是在由众多小人共同维护的生存机制面前，无奈地投降，退出他无能为力的艺术教育体制。但永远地做一个狂者，不委屈自己，不向丑恶现象妥协，也正如鲁迅所说：他举起了投枪！

能以白眼行天下，岂不快哉！

（2014年12月20日）

学术评论

思想与学术

前几天，太太去学校借书，大约顺便也为我借了本书，金克木著《书读完了》，女儿看到书名，哈哈大笑，大约此书名颇有意思。此书是金先生去世之后，后人编的，不过，附录有钱文忠与金先生女儿金木婴对金先生的介绍性文章，这个之前没有读到过。金先生自己从来不太像严肃的教授，我记得他介绍自己的读书经验三个字，竟然是："少、懒、忘"！令人称奇。读了钱文忠教授关于"学术与智慧"的介绍，估计会了解他为什么会有这样的经验。

我则是由自己的阅读经验，包括之前半年在美国的阅读经验，使我越来越感觉到，有个问题在中国开始突出了，这就是：思想与学术的明显分离。

众所周知，中国学术界的学术门槛比较低，在法学界，戴逸教授的"法学幼稚"说、陈兴良教授著名的"专业槽"观点，对法学界虽然是个刺激，但实际上法学界中人也基本上是接受的。到现在，法学教授的著作也未必能让不写书的法律人肃然起敬。今日中国法治建设进步缓慢，法学学术成绩对现实的影响还是显得过小，这不能不说是一个原因。因此，加强法学教学与研究的专业性、学术性，恐怕是人人都赞成的。

然而，经历过上世纪80年代的人，恐怕对80年代的大学与学术界都会有非常突出的印象，那就是思想相当活跃（虽然我是1989年上大学的）。那时的思想是比较幼稚，但人们确实是在思想、想思想、也有思想。幼稚则是可以原谅的，因为它的起点非常低。以我的理解，改革开放初的学者，基本上是靠语文修养和逻辑推理能力来研究的，原因很简单：没有文献可读（民事行为能力是合法民事行为、有限责任公司承担的是有限还是无限责任，其实就是看你的语言和逻辑能力如何）。如果该学者是读马克思和恩格斯的，他表现出来的学术能力也会强于一般人（限于法学等现代社会科学）。原因很简单：那时只有这些是认真翻译，也能够容易读到的，你毕竟是读到了西方世界的东西，它更加现代一些，会对处理和思考现代社会的各种问题有所启发。

今日学术成绩其实是非常可观的，虽然学术幼稚的问题仍然还存在着。在意识形态权力对学术的控制减弱之后，行政权力（尤其是经费控制）和市场权力对学术的影响开始得到空前的扩张，由于行政控制主要地也是通过设立项目经费来控制，所以可以概括为一个字：钱！为了钱，我们开始放弃学术的主体性、主动性、自觉性，也愿意牺牲兴趣，牺牲真正的学术！以学术的形式完成了许多非学术的论著，以表面入世、关怀国家的模样获得自己的福利和安康，以从事学术的姿态牺牲掉了学术本身，从而学者逐步政客化、商人化、小市民化、庸俗化，学术工作开始饭碗化。学术固然是饭碗，但从事学术不是为了饭碗。这话有些绕，不过我觉得似乎应该是这样的。

年轻一代的学者，心明眼亮，既有良好的学术能力，也有明确的奋斗目标，也有赶超的实际行动。学术的繁荣更是令人叹为观止。

不过，我的阅读经验是，可读的东西越来越多了，质量也相对地提高了，而值得花时间和精力读的东西好像越来越被埋起来了。以前的东西不多，好的很好，坏的也很坏，也好辨别；现在则像是廉价工厂，东西非常多，要什么有什么，质量也还过得去，不过读不读没有多大关系，它说了些什么，好像说不说也差不多。尤其让我恐怖的是，新的概念和词汇不断地制造出来和翻译进来，强行进入中国学术，而用中文说外语似乎正成为时尚和潮流，它真的是学术？它好像和中国没有太大关系啊。但牛人都这样啊！

如果不怕极端，可用一句话来概括当下的学术界：有学术、无思想。

学术是职业性产品，思想是公共产品，共享的财富。因为要维持一份职业，包括要在学术岗位的阶梯上攀登，我的产品当然越多越好；至于成本我支付、福利大家享的创造性工作，对不起，等我有机会了再去做。

学术评价标准有问题是一回事，不过，学人自己的选择也是重要的。十三亿人，并不需要那么多人思想，有一部分人去思想也就够了。这是人多的好处，王永民教授的五笔字型发明后，我一直用，我不用亲自费力去发明它。不过如果没有那个发明的人，那些应该有所创新的人，反而在不断地制造着符合学术考核标准的一次性产品，而绝不肯生产启迪人的思想，就不好了；这种现象似乎已经习以为常，我们大家都在焦虑与期待之中。焦虑的，是自己的事（前途或者生计）；期待的，是希望有人来做自己不肯做的事。

知名大学也如此的话，就更加糟糕。它们急，纷纷设立大师与名家的岗位（如果国内的学者声望不够，就用洋符号），而干着把未来优秀学者扼杀在摇篮中的高效率破坏性工作。孟子说过：“七年病，求三年艾，苟为不畜，终身不得！”你等着吧，装着在发展学术吧。你只会收获你种下的东西，其结果人人皆知，又何必说出。

（2012年4月18日）

远去的学人背影

周末读严耕望《治史三书》，顺便把《萬庐问学记》也重读一遍。

谭其骧教授评价吕思勉先生说，古今少见的人物。钱穆先生给严耕望教授的信中，高度评价他能够耐得住寂寞，真正几乎无人做到。

吕、钱、严，有师承关系，有非常相似之处。吕氏在写出《中国通史》后，准备以个人之力，写成中国各代的断代史，最后虽然未竟其业，也接近成功。在用笔写字的时代，写作是一项非常艰苦的体力劳动。我在大学期间经常帮助老师抄写稿件，现在想来手腕好像还酸楚。我想，如果吕先生是用电脑写作，相信他已经全部完成了其中国断代史的写作计划。不过，电脑出现之后，假学术也空前地泛滥，假学者也能从容上阵，这是与降低了学术工作的艰苦程度有关的。看来，好处与坏处相伴，到底是好处多还是坏处多，恐怕不易断定。

严耕望教授的特点与吕思勉更像，有机会当讲座教授竟然不去申请，校长邀请也决定放弃。原因只是不想多事，不想浪费一点时间，根本不想参与任何学术活动，何况非学术活动。留下时间干什么？他有自己的写作与研究计划，此计划是一生不能做完的。《治史三书》非常平实地说，方法不是空的，方法是在使用当中才有的。吕先生的

《经子解题》一书也有类似的认识。也许正是因为以这样决绝的方式，严教授自己基本上将自己的计划都实现了，他才有自信对陈寅恪有些微词，他认为陈氏晚年何必赌气选择写柳如是呢，不是有许多更有意义的问题吗？陈氏的语言绝活，可能再无人可及，这在科技专家时代，可谓为文科学人争了个面子，严氏的不客气，来自于自己十足的定力及定力坚持之下的成绩。

当代学者基本上都在大学完成学业，也多有了博士学位，有的还有洋博士学位，想起那些已经逝去的学者，仅仅通过自学，竟然也可以成为大学者，这在现时代已经不可能了。有的大学想自己造出几个天才型的学者，给海归破格待遇，人事部门也配合着搞了不少人才工程。问题是，学者是不断努力形成的，成果是坚持多年才出现的，太积极主动地想让人家成才成家，似乎是拔苗助长。

或许历史学有其特殊性，一是有廿四史可读，也有十通可读，二是历史学中国自有成熟传统，不像现代社会科学，中国本土缺少建立典范的大家。不过，其实是一样的。

学人，一要专心治学；二要克服外部的干扰，包括那些送温暖、送爱心、给经费、给面子的干扰。事实上，人家为啥要给你好处，是想借关心你，来建立和巩固自己的利益呢。你就是个花钱的由头，就这你也只能花个小头。不过，聪明的学人不是不知道，反而是顺水推舟、半推半就地接受着各种好处，在好处中沉醉与消磨了。

岭南夜雨，天气转凉，坐在桌前，这个时代，大家估计都被大堆的事务挤压得几乎无法写作与思考，效率是提高了，每个人都加班加点，给其他人制造着工作机会，其他人就同样地要加班加点。这些东西究竟有多少可以保存下来，不被风吹雨打去，不知道，矛盾着。

嗯，忽然想到，严耕望教授讲了钱穆的一个观点：朋友死了，不是他死了，而是我死了。朋友的音容笑貌仍在我脑中，所以他没有死；而在他脑中的我却消失了，因此是我死了一分。我近年回家乡，认识我的故老逐渐凋零，也逐渐有此感受。再过几年，家乡将几乎无人认识我，我完全是回到了陌生地，也就无所谓家乡了。钱穆是历史学家，这种人生感悟很是感性，颇值得一提。

（2012年4月17日）

读书的悟入之处

过去有种说法：学任何手艺，都可百日学成；唯有读书，即使下百日功，可能也没法学通。这是强调读书要下苦功夫。不过，读书除了要下苦功夫之外，不可忽视的一点是要重视“悟”。近日重读吕思勉先生《经子解题》一书，看到他也提到了这一点，就想到或可就此谈些感想。

“悟”是禅宗之类好讲的，带有一定神秘性。我读有些心理学著作时，不少作者将人本主义心理学家所讲的高峰体验贬为“故作神秘”。这可能是由于作者本人没有这样的体验，无此体验，必定会认为这些说法没有道理，但它是客观存在的。

“悟”可能与读书多少无关。牟宗三先生记录了熊十力先生与哲学家冯友兰辩论的一个侧面，讲到熊氏斥冯氏：你说良知是个假定，良知是直接呈现的！怎么是个假定？冯氏则无动于衷，仍坚持自己的立场。冯氏读书不可谓少，学术影响也不可谓小，但对良知的看法，则确实离阳明心学一路相距甚远，如果熊氏批评他不理解阳明心学，也许并不过分。

下面以我自己读书的经历为例，谈谈读书“悟”的重要性。

我喜欢读书，勤奋用功，自己觉得应该有些成绩，到了社会上那还不得迅速建功立业？研究生毕业后到保险公司工作，马上发现一个残酷的现实，事实上：读书归读书，做事是做事，二者竟然没有多少直接关系。尤其是在商业领域，需要的并不是多少书本上的知识，起作用的或是直接的利害交换，或是充分利用人性的弱点或特点，从而营造一种可持续的商业关系。而且，有时读书养成的脾气习惯反而成为一种障碍与阻隔，影响了与他人的世俗性或庸俗性交往。这种生涯虽然时间不长，给我带来的难以忍受的痛苦，至今记忆犹新。

困难的时候再次读到尼采，就理解了他所发现的生活真相。生活的真相，本来明明白白，读书生活只与抽象文字打交道，有不少地方虚幻化、缥缈化了，从来没有当真。读懂尼采的书，首先的条件是在工作和生活中真正遇到困难，对我来说，学院式的、精神贵族式的自我期许受到了严重挫折，开始直面生存的困窘，尼采的话就让我明白了基本的道理。康德读卢梭的书，懂得了尊重普通人，他肯定也有他的悟入处。我则是在困难之时真正体验到，读书的价值与用处比较有限，它可能在解决有些问题时毫无用处！要尊重庸俗、甚至低俗的生活技能，尤其是经营与沟通这些领域的货币——钱啊，尤其钱也能相当地弥补人的缺陷。

如果能够按自己的意愿生活，人就会获得自由。这个前提正是经济基础。这就需要重新审视自己的生存环境，选择什么样的生活。我认为，每个人只要能够“捍卫”自己的生活方式，也就拥有了自由。说捍卫可能太沉重，其实也是很悲壮的。也许我自己不能轻松地生活，所以有这样的理解。

明白这一点，失落之后，也就放松多了。

有些道理是极其严肃和深刻的，只是我们自己浮浅。再读其他讲道理的书，尤其如《老子》《孙子》之类的书，就更加能够感受到作者真切的告诫。当代学者赵汀阳先生，也对老子和维特根斯坦的著作评价甚高，我阅读之后深有同感。

那时虽然面临困难，好在我有退路，先退到机关单位，每天读份党报，然后开始工作，给领导写些材料，这个压力小多了。工作得到了领导的重视，也开始沾沾自喜；以为从此有了前途。不过，到了提拔的时候，我的弱点就又暴露出来。或许各个行业都有自己的游戏规则，许多人生活在明面的规则下面，但少数优秀与杰出之士，能够灵活地出入于明面规则与潜规则之间，这是一种不公平的游戏。但现实生活从来没有公平的游戏。这就不由得对昨日之我与那些仍然相信公道、道德的普通人充满同情，相信道德、相信规则，而它们乃是由人在操作，在中国道德与规则就是由大人物制定的，我们只是执行者而已！

这时读到李劼先生的文字，结合工作中的感受，便突然之间似乎理解了价值名词的实际作用。他不同于一般人对希特勒给予道德蔑视，而将其行动看作一个行为艺术！行为艺术？这个也太不严肃了。他并不原谅二战胜利者们那种虚伪的道德姿态。此时再回看老子所说的“失道而后德”、“六亲不和有孝慈，国家昏乱有忠臣”之类观点，说得真是太好了。他评论《红楼梦》中的人物，对于宝钗和黛玉的评价非常严苛，使我对宝钗与袭人也有了一种厌恶。

当我对知识和道德的意义开始怀疑时，又读到了卡莱尔的《论英雄崇拜》，他把穆罕默德也归为一种英雄，不但有建立功业的英雄，也有知识英雄、道德英雄，这样的论述又使我建立起对知识和道德的尊重。对知识和道德的轻蔑是不正确的，即使拥有骄人的权势与财富。

每个人都会不自觉地论证自己的生活方式和生活意义，可能有两种极端。一是“酸葡萄”心理，对于自己得不到的、也没有能力获得的东西，予以最低的或负面的评价，让自己心里好过些。读书人对于好多东西的“庸俗”判断，部分也许就有此种意味；二是“补偿”心理，越是得不到，越是觉得好。中国人对西方、农村人对城市、穷人对富人、白丁对学者，或许都有此种心理，这就容易把自己得不到的东西抬得太高。实际上，少了那些东西也没有啥，生活仍然在继续！自己的生活反而会因这种过度的价值评价而破坏。

也许还有其他一些读书中的启发，如读顾准的书使我对基督教有了更深入的理解，对我来说他比较随意的书信让我一下子明白了不少。谢选骏先生人性的“伪托”一词，也让我有了对人性论理论的一个新的观察点。皮亚杰“发生认识论”对婴儿认识能力发展的描述，让我能联系到黑格尔的精神现象学对类的精神发展的宏观论述。如吕思勉先生所说，各人所悟之处“恒在单词只义”，所以肯定不同。这样的小觉悟积累起来，我对世界的认知框架就在不断地调整。

当然阅历也对理解书本有重要帮助，如果我不曾从事过公司和机关的工作，现在就不可能安坐下来，过我自己清静、清闲、清淡的学院生活，不能接受自己是有明显的性格缺陷和局限性的；肯定难以接受自己与其他行业同学在社会地位与财富方面的差距。我觉得，对年轻人的成长，经历的帮助是最大的。历史的厚重与人世的沧桑，或许在幸运儿面前，显得辛劳、曲折，颇多波澜，但拉长眼界，就多了一份坦然、平实、坚毅、淡定。

禅宗重“悟”，会讲到许多开悟的故事，比如南怀瑾先生的《禅海蠡测》，我就比较爱读。有的书道理很好，但由于作者不举例子，尤其外国的和古代的作者，不能结合实际给我们举出生动的例子，这就更需要作者发挥想象自己去悟了。百家讲坛上受欢迎的讲演者，最大的能力可能在于有本事对古代的、外国的情境迅速找到一个恰当的比喻，使其中的道理生动化、现实化。这对读书和理解是有极大帮助的。许多初读书者觉得读书没有收获，原因或许就是因为难以把自己放入作者的“心境”中理解他的话，因而读得多但总缺少“悟”。

不过，读书虽需要悟，仍不能守株待兔般等待灵感的到来，什么时候有感觉，什么时候有提高，仍然只能是下功夫过程中自然相遇的事情。

对于文科学院的同学来说，读书之悟固然可贵，依我的想象，许多从事实际工作的人，更是在人生中积累了许多窍门，这些应该算作人生成功的“商业秘密”。这种秘密历史上虽然也有些记载，但可能永远没有人讲给你听，或者有高人讲了你却听不懂，这就只能自己琢磨了。《红楼梦》中有副对联：世事洞明皆学问，人情练达即文章。说得很好，我就做不到。所以，我就安心读读书了，天下大事，就交给那些聪明人了，必须的。

（2011年5月30日）

戒三气：文人气、贵族气、遗老气

通往学术的道路，也是学人提升自我境界的道路。众多负面的学人风气中，比较突出的应当戒三气：文人气、贵族气、遗老气。

一是文人气。

文人自有文人气。不过这个词有多种用法，我用它来指一种知识人常见的不好的习气。与此相联系的有书生气。

文人，以文字游戏为重心，读书写作与对世界的关系，多需透过文字，但不少人就由此迷恋文字，进而在文字层面上感受到了其魄力，其实这会失去对生活和世界本身的直接感受力与思考能力。

书生气，是学人在成长过程中一般都会经历的一个阶段。年轻的纯粹读书人，常以较为理想化的书本知识和清纯理想对世界提出过分的要求。这种要求当然在现实的利益与其他刚性力量面前，基本上是无力的。成熟的学人要透过、超越书生气。

书生气，是人在经历许多世事之后，自然会成熟起来并跳过的一个阶段。当然也会有许多人因缺乏机缘可能终生保持着一种可爱的书生气。

文人气，因与学人的职业或生活习惯相联系，可能就比较难以打破与超越。

书生气，有其可爱，也有其可惜与可恶，有时会好心办坏事，常常会视自己所了解的内容为至上；文人气，则有其可敬，也有其可怜、可鄙，纯粹的文人以自己的方式拒绝向世界妥协，故可敬；但文人对世界的了解始终透不过文字与言词之障，如果在重要位置上常常会因此误大事，故可怜、可鄙。

文人有其创造，苏轼是文人，但中国文化不可能没有苏轼；但苏轼对王安石变法及宋代学人群体的分裂中的作用，自然值得反省。文人如果保持着纯洁理想，能够正确地看待文字与言词的分量，也能够放下架子，自然已经超越这个境界。辛弃疾肯定有非常良好的文人修养，然而，其经历则有一种英雄气。文人气需要以英雄气来对治。虞允文采石矶之战，也是以文人而立战功，且他当时是没有打仗义务的，这就更难能可贵。清末太平天国之乱中，以曾国藩为代表的湖南士绅，就在特殊条件下以文人将兵，终于挺立起一股英雄气，开创一番事业。

文人迎接挑战胜利的，固然是英雄，但也有失败的，文天祥失败了，但仍是值得尊敬的英雄。英雄气在战争中表现最突出、最典型，并不意味着英雄气在日常生活和本身职业中就不能体现。司马迁受过分的屈辱，但仍然在历史上成为英雄。从后来的结果看，他确实也值得称为英雄。此种英雄，为文化英雄。完全扫尽文人习气与书生气。

对治书生气，则需要成熟，如果没有挑战与压力时，自己也可以成熟起来，这只需要一个“耐烦”而已。应事专一不杂，已经完全消失了书生气。能坚持下去，不但没有了书生气，而且既保持了书生的可爱理想，也能抵制书吏气和官僚习气。

二是贵族气。

贵族气是来自古老的传统。古代社会，读书识字需要有非常雄厚的经济实力，在传统社会中，自然只有贵族阶层与大家族有此实力。

贵族的特点，早期应当是战争与军事武装的垄断权。秦国崛起，此事消失。

此后的特点是，有社会经济与文化特权，在国家并未进入现代民主社会和政府提供基本国民福利与义务教育之前，维持生活与接受教育，都是非常奢侈的事情。

因而，贵族比其他社会成员，那些不贵的人来说，就显示出相当的优越。一是经济上有来源，无论如何来，一般是因社会制度而自然地有维持生存的条件。《红楼梦》中的诸贵族，祖先因军功而显贵，后代以世袭而成贵族，再后代则生来就是贵族了。今日中国社会出现的官二代与富二代，可谓是现代民主社会中的新贵族。（以此现象来看，中国社会是否进入民主社会，民主社会的基础是否巩固都值得思考。）

贵族气的好处是，豪爽、大度、排场、讲究，重面子，好名声，重架子，倒驴不倒架。但其缺点是，经常忽略维持自身所需要的经济条件及自身富贵造成的必然社会影响。维持不住其贵族身份与地位的，就是孔乙己，虽然倒驴不倒架，但已经可怜兼可鄙。但有实力挥霍、也有财力挥霍的贵族，则就是贾宝玉或薛播，前者修养好些，后者修养差些，但基本都属于有特权者。前者可以成为文化的保存与传承者，后者可以成为欺压普通平民、体现金钱与权势重压的恶势力。

对学人来说，贵族气中最重要的相关因素是有闲。《有闲阶级论》一书虽然是讲国外的事，但也可以用来分析中国的贵族。

中国社会中，重视闲暇、闲适，休闲、养闲、清闲的传统是浓厚的。闲的好处是，有个人的生活尤其是精神生活空间，可以发展个人的爱好，能促进社会生活面貌的多元化。不过，如果缺乏生气和创造精神，则闲就成为一种弥漫在社会中的无聊之闲，东北长冬的炕头之闲，闲出了二人转，有利有弊；麻将与扑克、下棋与书法、戏曲与饭局，均为休闲生活中把日子能够混过去、消费掉的重要方式。当全国人民都贵族化之后，闲就成为生活现象和文化习气了。中国的这种文化传统来自曾经有过的富裕；欧美国家国民，也有此种特点，是由于国际经济分工中长期的优越地位。人权标准不断提高，甚至提到要关注狗权与动物权，也是社会贵族化的标志之一。

然而，社会中贵族只能是少数人，因生活需要真实的经济支付条件。但非理性的对贵族生活方式的向往，有时会毁掉一个社会。当代中国从高级权贵家庭的奢华到官僚集团、商人集团普遍的高级消费，已经出现非常严重的信号：过度追求无理由的奢华，已经开始摧毁社会本身。

对学人来说，“琴棋书画”等文化修养符号，均费时费力，但由于社会风气与集团身份认证所要求不能不如此。于是，学人在贵族气的影响下，更多的时间用于身上文化符号的提纯与增强，包括对各自文化符号的辨认与欣赏，都使得学人在养闲、休闲有了更多的投入。时间过去，这些努力却了无痕迹，它只关涉个人主观利益，而无历史贡献。

贵族气中消费时间、故意制造休闲生活方式与景象的做法，对社会中文化继承与创造，均有非常大的负面影响。中国学人难以有像德意志民族中康德那样长年安静、坚持不懈地致力于伟大作品的文化人物，贵族气与对贵族符号、贵族方式的过度追求与自我欣赏，是有一定责任、值得我们警惕的。

最有意思的是，贵族有本钱这样消耗也就罢了，平民也要装贵族，搏面子，长年能忍贫贱，为了一朝过年。节日型消费、巨大工程消费、面子型的非理性生活安排，已经提升到国家意识层面，奥运会等大型盛会，是官方的盛会，是民间平日民生维艰作为代价来支付的。如果仅仅质疑官方，则不公平，因为普通百姓在腐朽的贵族习气影响下，自己也很高兴地看着本来可以改善日常生活的柴米油盐，变成礼花，漫天绚丽地向世界炫耀呢，而世界并不在意你的炫耀！能忍耐平日的千辛万苦，而高兴地看到国家和个人有面子，甘心将财富付之一炬，这才是真正让人难以批评的贵族气啊。

学人的贵族气，有此深厚的民间力量支持，要克服比较难。但努力克服之，改变自己、改变周边环境，逐步提高一代人的工作效率与生活情趣，务实、健康、自信、自重，是克服贵族气以及假冒贵族习气的必要心理因素。

三是遗老气。

遗老遗少，是亡国之后出现的现象，中国历史长，遗老遗少也颇多。战国寓言多讽刺宋人，宋人乃商之遗民也。遗老遗少，实质则一，不忘记旧日的发达与光荣也。今日英国，就是国际社会中的遗老也，曾经那么辉煌，然而已经不可能再那么辉煌了。

中国社会因家家有一个可以追溯到贵族的家谱，任何一个家族如果追溯历史，都可能找到光荣的一面，因此，遗老气在我们文化中是相当发达的。学人尤其容易为遗老气所感染。

傅斯年评价陈寅恪有遗老气，此种气，好的是，有一种精神高贵的自负与自持；不好的，是一种硬要把历史放在现实之上，因为历史曾是自己的，现实是他人的。但这就不能客观地、平心静气地看待现实和世界。（当然如现实太坏，不失为坚持文化价值的一种方式）

学人的遗老气的优劣均与此相似。好处是，能够以一种复古的或“仿古”的旧日理想，节制自己来拒绝现实的堕落与腐朽；坏处是，现实毕竟是现实，将万千繁华扫地以尽，或“流水落花春去也”，或“沉舟侧畔千帆过”，在是也非也的沉吟中，现实已经继续向前，开辟出新的历史景观。

学人尤其要警惕遗老气。中国文化曾经阔过（阿Q心态），今天好像正在阔起来（英雄救美行动）。这是中国学人更有理由持遗老气的现实基础，但也更应当拒绝遗老气。冯友兰先生曾概括，东西之争实即古今之争。东方仍然因其生活的惰性力量而保持着古代中世纪式的制度与观念，西方式的社会的彻底的动荡与重组，即社会革命在中国实不够彻底也，虽然叫了许多年的革命，然而，底子不变，革命也难革出新意来。

拒绝遗老气，以开阔的胸襟与视野，以前所未有的气度来了解世界和体察其他文明，以积极的创造性姿态与不懈努力来为既有文化增加新的内容，或思想观念，或知识词汇，或制度机制，或行为习惯，有真正的新，将会使文化的适应性增强许多。

拒绝遗老气，不能走到拒斥传统的极端道路上。什么是传统？其实就是有旧生活习惯和老脑筋的活生生的人啊。他不死，他就那样，你不可能把人集体都变“新”了。所以，如果多数人都如此，就要尊重、接受，尊重人，是要尊重活生生的人，不能抽象地尊重而具体地否定，这是传统值得尊重的原因。学人在此可能就要有所领会。所以，周易可能还活着，鲁四老爷也活着，阿Q也还活着，薛璠留过学会说八国英文，也还是薛璠；贾政有了MBA学位，也还是贾政；最可怜的是，贾政也成了少数派，“贾不正”倒理直气壮地到处横行，牛气冲天。

今日学人的道路，面临诸多诱惑、诸多困境，然而，中国强大的文化力量始终会给学人提供最强大的基础。“溪涧岂能留得住，终归大海作波涛”。要警惕三气，要坚持理想，要面对现实做创造性的工作。抬起头，放眼看，沉着，大胆，创造性的工作会左右逢源的。

（2012年1月17日）

大学中的理想人物

丁学良教授早年留学美国，后来在欧美主流大学体制中工作，对中国的大学颇有厚望，以其“什么是世界一流大学”的宏论为国内大学普遍关注，还以中国大陆只有“五个经济学家”的名言轰动大陆学界。不期然成为国内名人，估计是因为他直言不讳的个性。这本《我读天下无字书》，是记述作者在自己的大学学术生涯中所遇到的重要人物，读来很有趣味。大学中，应当是充满这种人物，大学自然也就成其为大学了。

作者讲述的人物依次是：哈佛大学政府系马若德教授，社会学系贝尔教授，匹兹堡大学校长波士瓦教授，哈佛大学校长萨默斯教授，哈佛文理学院的研究生同学们，澳大利亚大学亚太研究院的同事们，泰国经济学家汪华林教授，小说家王小波。

各人对丁学良教授的帮助与影响或有不同，在我读来，则有几个人颇有特殊印象。

第一个是贝尔教授，因为贝尔的名著几乎都已经译为中文，我也均已读过，《资本主义文化矛盾》是我早年读书时认真读的第一本书，至今看到书上红色圆珠笔的划痕，还能忆起当年读书的场景。贝尔的学术保持了学者的现实关怀，尤其是以纯粹的学术写作而收到了介入社会现实的效果，既说明作者的学术有真实的对象和内容，也说明优秀学者能够取得的影响可能有多么大。中国学者普遍有用世之心，纯粹的学术往往不上心，可以多向贝尔的作品学习。

第二个是哈佛的研究生同学群像。尤其是作者目为天才的布兰福德，确实令人印象深刻。中国大学的同学中，专业问题都没有入门者，甚至博士毕业之后仍然没有入门者，可能也不乏其人，所以，官员们混文凭还理直气壮。如布兰福德此种知识天才在大学中实在少见，不能不是一个原因。面对大学中深具远见卓识者，如遇芝兰玉树，只能仰望和崇敬，至少能够给有追求的年轻人一个模仿的对象。惜哉，中国大学！谁没有年轻过？谁年轻时不想着把自己铸造成器，而不是在生活中习惯于混日子，既丧失了自己的理想，还要破坏他人的理想，不以为耻反以为荣呢？当然，人物有其生存与成长的环境，今日的环境更为严酷，纯粹学者更会被消灭于无形之中，不说也罢。

第三个是汪华林教授。汪教授式的人物在当代中国学界倒是可能出现，既有自己的专业，但也能进入世俗社会；但所不同的是，中国学者可能更多的是与政商界人物套磁搞些项目经费，搞些利益交换，尚没有汪老爷子这样能够对国际关系、跨区域的发展规划有重要影响力的人物。也许是时间还没有到，等到时间到了，此类人物也就出现了。不过，这可以启示我们，现在国内学界的成功人士，大可以向此方向努力，以国际学术交流与民间外交的努力，更多地造福于国家和区域的人民，尤其是中国自己也有此实力之后。

人物是因个人的先见而有不同的感受。作者的求学经历则更值得思考。

学术是件严肃的事。作者在国内研究生未毕业即赴美留学，以国内一流大学优秀研究生的资质，要完成欧美大学的学业，备尝艰苦，只有艰苦才有锻炼和铸造，才可能成器。今日国内大学的研究生教育（也包括本科教育）要求过于低和松，在培养人才方面肯定是有重大过失的。还是应当严格要求，严格标准，尤其对于在职教育，包括新出现的网络教育之类的教育，都要严格要求。这样于学生来讲，才是最有利、最受益的。如何完成这一转变，我也不知道从何着手。

大学应当有充分自由。无论是学生还是学者，其实在选择学术或者被动进入学术领域之后，就进入了一个完全自由的环境，也能够经常遇到现代社会中的一类比较特殊的人，他们享有比较高的自由。为什么他们有自由，其他人没有，原因很简单，大学挑选了社会中最优秀的人物，能够放弃其他的追求（权力、财富之类）来追求知识与思想的自由，大学同时也要保证自己能够提供足够充分的自由环境。至于有了这种环境之后，这些人会怎样表现，那就不用大学自己操心了。因为，优秀人才在任何地方都是付出百分之百的努力来追求自己的理想，即使是在玩学术游戏，他自然也会作出惊人的成绩来。自由，是世间最宝贵的东西，但也只有配享自由的人才可能将其发扬光大。对于所有人尤其是普通人，应当讲消极自由，别过度打扰人家的生活；对于牛人，他们追求的可能是积极自由，他会告诉你，人应该是什么样的，生活可能是什么样的，未来可能是什么样的。大学标志出尺度、理想和奋斗目标，社会才找到自己向前的路。

学人应当有学人的价值追求。如此竞争激烈的环境，牛人和牛人每天较劲儿，这生活的压力不是一般。麻省理工的学生普遍地承担着非同寻常的压力。但虽然如此，大学却并不必期待每个人都作出什么卓越成绩，但是，每个人都优秀，都努力，共同地形成一种学术标准和学术理想，都成为此种超越性环境的一部分。我觉得尤其是那些很聪明但没有作出成绩的人，可能对维持此环境的贡献更大。他们要求严、眼光高（在中国可能就是眼高手低的人），对什么人都不假以辞色，如布兰福德那种人物，你装牛×没法装，他比你牛，你得了诺奖也没法牛，你弄的那些人家都会弄，只是想弄更大的。这样的环境会逼得人必须优秀，还必须谦虚，尤其必须扔掉世俗的那些可以卖弄的价值（权力与金钱之类），没有人稀罕。中国大学目前全力向权力与财富靠拢，希望能当人家的小三，小四也可以的，这就基本上丧失了维持一种可供优秀人物游戏其间的环境的可能。这对大学的伤害是致命的。为了那点经费可是把命根子都不要了。

中国大学，首先是以管理与规范的名义（已经不屑讲服务了），通过本科教学评估式的方式，把教师的教学自主权夺了去；接着以项目和课题制的手段，把研究者的自主研究权力夺去，形成了一种打着专业名义的外行审查制；当教学与研究本身并不重要，如何获得评价更为重要时，行政权力与人际关系的重要性开始凸显，就又形成了功夫在诗外的情商高于智商的学术逆淘汰制。大学中充满了院士，也充满了专家，不过，大学精神开始逐步失落，大学在滔滔的权力、财富与学术、声誉的交换机制中，毕竟还是能够得到好处，在某种意义上也属于既得利益集团的一分子。不过，大学失去了更宝贵的东西。

读丁学良的书，使我对优良体制充满了向往，对优秀的天才充满了敬意，对潇洒游走东西学界的丁教授只能是羡慕。不必嫉妒不必恨，无论是现体制中的成功者还是失败者，其实我们都不免人家同情、可怜与鄙视的目光，有的人聪明不说出来而已。让我们在中国大学的雾霾中同呼吸、共命运，大家一起继续混呗。

（丁学良：《我读天下无字书》，北京大学出版社2011年版）

（2014年12月6日）

学界“类学术”现象观察

近些年来，学术界不少学科逐步建立起了自己的学术规范，学术规范开始逐步发挥作用。新一代学人也逐渐适应了学术规范的要求，学术的规范性大大加强。比如，论文必须有注释，应当有外文注释，论文开始越写越长，表述也越来越专业化，学术话语也越来越脱离日常讨论。这应当是一件好事。不过，与此同时，在学术规范的影响下，新出现的一种学术现象——“类学术”现象颇值得重视。

其一，非学术、伪学术与类学术。

我们对于是不是学术是有判断的，不属于学术的那一类可以称为“非学术”。没有人会把一场邻里纠纷当作一场学术讨论，也不会把一个段子当作学术作品、把一次旅行当作一场学术活动、把一个吹大话的访客当作学者，它们不是为学术而产生，也不具有多少学术意义。

我们对于真假的学术也是有判断的，不符合学术标准的那一类可以称为“伪学术”。王立军担任了几十所大学的教授，严肃的学者可能仍不认为他是个学者；某人拼凑的一本印满了文字的教材或著作，严肃的学者可能不认为是真正的学术产品。“伪学术”之伪在于它并不打算“真”，它不过是为了追求利益而进入学术圈子中捞取利益而已。

但有一种学术是“类学术”。我近年阅读所及，“非学术”一目了然，“伪学术”也大体可辨，唯有此类“类学术”令人头痛不已。一篇很长的学术论文，且注释多是外文，初读之下不得其旨，颇是敬仰，细读之下实在无趣，并无见识，甚至多有学术训练不足的硬伤。一本看似很专业的著作，洋洋洒洒，话似博而多无聊，语虽繁而皆不通。费了很大的精力来读，结果浪费了不少时间。参加某些学术会议，不能说和学术无关，但又好像并无学术收获。看某些学者，似乎在进行学术活动，好像又在进行社会活动，其实在进行政治、商务活动，总之是在实践斑斓多彩的人生。

这使我不由得感谢那些“非学术”、“伪学术”的制造者们，他们搞得东西很差，有的也没打算搞好，我根本不必浪费精力去辨别。而对于那些“类学术”的制造者们，我就非常苦恼，不知如何应对，直到明白上当，时间已经消耗不少。这时，我才理解孔子为什么“恶紫之夺朱”，“是故恶夫佞者”。搞得不像，还好办；能搞得像，反倒把标准给混淆了，不是内行者还真不敢说它不学术，因为它“像”嘛。

其二，类学术产品的特点。

学术产品是学者的工作成果，根据其质量可以将其分为优、中、差；根据作者的生产动机，可以将其分为真、类、伪。质量有高低，这可以理解。但是类学术产品，既非真的，也非假的，在学术领域开始大量出现。

类学术产品，表面上非常学术化，基本符合学术规范，甚至还能够给人以很有学术水平的印象；实质上并无学术内涵，专业人士只有通读该作品之后，才能得出该作品并无任何意义的结论。问题是，这类作品只有专业人员细读之后才能判断，非专业人员对此则根本无力辨别。

从原因上来看，类学术产品的作者虽然无力作出真正的创造性产品，但却非常想获得创造性作品可以享有的学术声誉和学术资源，便开始投机取巧，并获得学术存在。当此类人士增加之后，类学术产品很可能成为一类学术产品的新类型。我尝试将当代中国类学术产品的面貌描述一下。

1.“多注释、洋注释”——引用资料丰富，但均食而不化、虚假引用。

由于学术规范要求必要的引用，而大学者一般阅读量巨大，而且精通多国语文，因此，“多注释、洋注释”遂成为优秀学术产品的一个必要形式。好的作品注释多、外文注释多，但反过来则不能成立。而类学术产品的作者，发现了学术刊物编辑在此方面日益增长的知识盲点，以“多注释、洋注释”来吓唬和欺骗编辑，往往得手，进而受到不应有的鼓励，并且与其他手段配合获得大量学术资源。

2.“新名词、新概念”——使用资料新颖，但多望文生义、不知所云。

学术作品要求有创新，越是创新越是受欢迎。不过，类学术的“新”，多是为新而新，自己食而不化，说来颇是唬人，虽然唬人，但如果认真去考究，却发现并无意义。他自己都不清楚不明白，只是为了及时出来吆喝几声，抢下风头，占占场子。看他的东西不如看原作者的东西，免得白费力气，还多被误导。

3.“攀牛人、跟牛派”——参与活动甚多，但只攀附名人、混迹名派。

研究重要的、大家都在讲且都不太了解的著名人物或学派。法学界热过罗尔斯、哈耶克、哈特、德沃金，也热过哈贝马斯、阿列克西、拉兹、阿玛蒂亚·森，认真阅读材料，往往可以发现，由于学术市场空前扩充，各院校招兵买马的速度远超过学术界所能培养的速度，学术期刊定时必须出版，其版面也超过了优秀作品所能填充的程度，因此，只好相互配合着生产学术牛人。而牛人的一个特点就是，要搞“牛人、牛派”，吃牛人饭，沾牛气，装牛×，过牛瘾，耍牛疯。总之是拉大旗作虎皮，自欺兼欺人也。

4.“高产量、低质量”——学术成果数量甚多，但多材料堆砌、陈陈相因。

成果丰富，而且多能符合今日学术机构的评价指标。你要特类，我就发；你要外文论文，我也译；你要纵向项目，我就拿；你要科研经费，我就搞。你要什么，我就给什么，你提什么要求，我都能想办法符合。但学术成果数量虽多，多是材料的堆砌，旧观点的新表达，或者新观点的旧理解，总之是玩花样、弄潮流、搞新鲜。可谓见利起早、闻风即动、出手不凡、获益颇丰。涂黑的纸张固然不少，值得保存的并无多少，虽然没有保存价值，但已经换得实惠多多。

其三，其他类学术现象：类会议、类学者、类学院。

类学术的概念如果成立，那么它可以包括很多现象。

不含有真正学术创新的作品是类学术产品，不具有真正学术能力的是类学者，不产生真正学术积累的会议、活动是类学术活动；不从事真正的学术事业的单位是类学术机构。哎呀，这可怎么办好？！放眼望去，似乎神州处处皆学术，认真看来，毕竟四海之内学术少。

近几年来，参加若干学术会议，每每能够见到会议中牛×的类学术人物及类学术成果，以不可阻挡之势攻城略地，学术阵地不断失陷。会场上，口沫乱吐、感觉良好，会场外，折冲樽俎、朝聘会盟。学术会议上的领导越来越多、话越来越长，越开越像官会；学术会议也成为一片学术江湖，梁山泊英雄排座次的场所。

观察若干类学术人物，皆擅长与世推移，更喜欢与狼共舞，常年里下海弄潮，永远是名利双收。尤其能够观察到类学术人物对于专心学术者的那种无法名状的心理优势与同情之心，真不知今夕何夕。个别专心研究的学者，好在既努力又长寿，勉强开会时有个位置坐坐，让人看来不免心寒。也许求仁得仁，何必去争那个排场。不过，社会示范效应不可不防。

中国据称已有高校两千多所，但真能提供“高等”教育的机构恐怕远少于此数。不少机构的人员或心不在焉，或有心无力，或无可奈何。即使是在有实力的机构，有人教没人学，有人讲没人听，忙考证、忙考英语四六级，忙实习、忙找工作，身在曹营心在汉，来了算给你脸面，官员学生竟然得老师上门授课，学风淡薄，学人日少，斯文扫地，伊于胡底？这可谓类学术机构或类学院。

呜呼，学术逐渐类学术化，也使伪学术与非学术的氛围更多地影响到学术场合，对学术空气的毒化、学术空间的异化带来了极大影响。类学术现象虽然颇使有良知的学者不能自已，但是，学术界的犬儒主义风气盛行，大家都普遍地做聪明人，不想得罪人，即使私下里非常不满，面子上仍然嘻嘻哈哈。这给了类学者以更好的感觉，更加不可一世。年轻一代的学人们面临着生存困难，理想主义的世风也已经一去不返，在类学术现象的扫荡之下，少数理想主义人物已经提前退场，学术界似乎留下了一片丧失理想的白茫茫大地，丧失独立、缺乏信念、没有价值、混混日子，这怎不叫人心生悲哀、感觉凄凉。

咦，会不会有些过于悲情了？毕竟，三十多年来，中国的学术规模有了空前增长，学术事业也日益步入康庄大道。但是，批评是一种提醒，批评也是一个鞭策，尤其批评是个飞去来器，指责他人必然首先得反省自己。

也许在若干年之后，我们会突然发现：中国50佳大学竟然进入了世界的第一梯队，欧美国家的刊物纷纷推出了中文版，论文都有了中文摘要和关键词，中国成了世界一流的学术大国，我这篇批评文章竟然会被列为学术中国梦研究的高引用率学术文章。

嗯，一篇写罢头飞雪，竟惹得有情人涕泪滂沱。

（2014年11月21日）

学术与思想的短章

写了“类学术”现象观察之后，对学界的表现提出了一些尖锐的批评，事实上，这就要回答一个潜在的问题：你把这个那个都说成“类学术”，那什么是你认为的学术？盘桓久之，不得已再写此篇。

以20世纪80年代末为界，当代中国学术明显地形成了两个差异非常突出的时代氛围，敏感如李泽厚先生，将其概括为“思想家淡出，学问家凸显”。80年代以前，学术草创，但学者非常自信，对社会有着强烈的参与意识，呈现出一种元气淋漓的宏伟气象。90年代尤其是进入21世纪以后，拜改革开放所赐，中国社会从静止向动态变化，社会结构与社会现象日益复杂，我们已经不能准确地了解自己单位的同事在干些什么事情，他们怎样过个人的生活了。更不用说，我们身处其中的庞大社会了。我还记得，1996年，我和妻子初到浙江宁波市工作，那个仍然保留着江南小镇风貌、滨海特色鲜明的城市，单位领导刚开始需要说普通话又不时说起宁波话的情景。今天所有的城市已经都成为规模庞大的区域性城市了，不再保留自己千百年来的风貌与景观、生活方式与人群结构。同时，中国大学的学术市场空前扩张，学术规范得到了强调，尤其是与英美期刊的标准接轨，不但有了SCI，SSCI，而且也有了CSSCI，学术的规则与标准开始发挥其强大的中立性评价作用。上世纪90年代亲密的师生关系与相对悠闲的大学氛围，已经再也不可能存在了。

社会变了，大学所存在的环境也发生了巨变，确实能够感受到一种新的趋势：学术代替思想，学术压倒思想，学术排斥思想的现象正在迅速蔓延，学术界对于思想本身已经再无任何兴趣，操作技能熟练、目的与方向明确、无所顾虑，在任何体制下游刃有余的新型“价值中立”型学术人开始成为学界多见的现象。

与此相伴随的是，“学术标准”并未真正以“学术”为标准，而是与分配资源与利益的体制形成了某种共谋与合作关系，它成为凌驾于学术人之上的一种新的控制机制。人人知道什么是对错，但人人知道利益在何处，为了利益可以不要对错。

国外的学术界形势也同样令我困惑。2011年我在美国访学时，导师苏珊·哈克教授常把她刚刚写完的论文给我一份阅读，我读了之后，最大的感受是：太学术了。我需要了解那么多陌生的、在我看来不重要的英美学者的著作和话语吗？当然我推荐给她阅读的中国法律思想的内容，她的感受也是，吃不消。那么多的人名、观念，非常陌生。在她看来，我估计，她更没有必要了解这么多东方的人与话。

当学术体制过于强硬时，学者开始成为一种主要从纸面上的意义来猜想现实生活意义的心灵封闭的写作型动物。

即使成功如哈克教授，也不得不按照这种模式进行操作：阅读—大批量阅读—熟悉自己领域的文献，成为专家——写作，不停地写作，成为被其他学者需要阅读与引用者——从而成为学术大腕。哈克教授据说被列为史上一百位哲学家和十大女哲学家，还有专门讨论她思想的书问世。

我对此学术发展路径感到犹豫与困惑。它肯定是正常的学术之路，但是，它同时也是思想之路吗？

对于普通的学者之训练与培养来说，一定的程序与形式，才能完成一定的培训与教育环节，从而能够保证经过流水线式的学校教育，培养出一个某种学科、某种类型的学者，问题是，如果所有的学者都必须由此门入，经此路行，必无它途，其中的牺牲就太大了。

虽然内容需要形式来负载，但形式可以是空形式而无内容。中国学术今日的“非学术”、“类学术”、“伪学术”现象，以“类学术”危害最弱，我却对它进行了严肃的反思，是不是不公平呢？不少学者是在模仿着模仿着由“像”到“是”的。不少人悔少作，就是因为后来明白了自己早年搞的东西不是学术，只是像学术，如果不经历那个阶段，他该怎么走过这一由不成熟到成熟的阶段呢？

这个问题复杂，我只说一句：因“恶紫之夺朱”，是以不可不辨。标准要清楚，人才明白方向与路径。

中国的问题特殊，可以不讨论。我相信它的某些不合理现状可能会被迅速地改变。所以，也无须讨论。

我想讨论的是，即使英美发达国家的健全而成熟的学术体制，学术与思想的关系也存在问题。我不了解理工科学者和艺术类学者的情况，就我熟悉的及运作模式相似的学科领域来说，我感到用康德的一个范式来讨论比较好。

生活是本体，世界是本体。学者面对着本体，然后，他有所发现，这种发现不是人人都能有的；有人有发现，将它表述出来，其他人听懂了，将它宣传与普及。大学不少老师实际上就是在从事这样的工作，智力重复工作，虽然是重复，但毕竟仍然要受专门训练才能理解，才能重复。想象一下，你来科学地向听众解释一下宇宙起源说。

第一个看世界看生活，并有所发现且将其表达出来的人，就是思想者，他有了思想。

专门和思想打交道，且对之进行整理与传播的人，是学者。学者可以无“首次性的创造”，但他仍然要创造性地掌握思想，让他人的思想在自己的头脑中活起来。这个层次的工作就是学术。他们交流、讨论、争论，举行会议、出版期刊与著作、私人联络与商量，上课培训新人、工作中带助手。

直接面对本体而思考者，且有所收获者，才是思想家，才产出思想。

经营思想的附属产业和外围活动，就是学术。

大学中，既有思想者，也有学问家，思想者就是什么也不懂的人，他甚至会提出小学生式的问题，如牛顿的“苹果为什么不往天上掉”之类的问题，惹人发笑。他的眼里没有不可动摇的常识，更不认为常识就是真理。学问家是知道许多东西的人，比如说起“正义”，他能从亚里士多德到阿玛蒂亚·森全部介绍一遍。当然，我说的是符合标准的学问家。所谓刺猬与狐狸的学者分类，也在某种程度上讲了这个道理。因为，当学术积累过于丰富时，成为一个学问家已经是需要付出终生努力才能完成的伟业，能够理解那么多伟大的创造性思想，你不同时成为一个思想者也不可能。是以，黑格尔说，哲学史家必须同时是哲学家。

世界知名大学之伟大在于，都拥有一些创造性的人物，他们创造思想，然后开辟学术领域，开拓人类思维、想象与存在的新可能，其他的人围绕着他们，并将其奉为类似奥林匹斯山上的神灵。因为，他们是人类精神活动的重要源泉。中国大学的困难在于，连像样的学问家都并不能保证，因为还存在“非学术”、“伪学术”，非学者与伪学者在和类学者抢资源、抢空间。

不过，我想说，即使如此，中国学者中已经有一些“大师级”的人物，因为他们直面中国现实，自己在思考，长期保持着创造性的劳动习惯，事实上已经成为“大师”，只是没有得到中国社会的承认而已。原因很简单，学术在中国并不成其为独立的价值，如果你仅仅是个学者，那你就还是缺乏一种获得社会给予认可与尊重的、外在可度量的参照物。财富与权力都是独立价值，思想与学术目前还不是。

写到此处，我心目中的学术应当已经清楚了，它是具有思想的学术，最好是有所创造、有思想光芒的学术，稍次之也应当是讨论与宣传创造性思想的学术。它要求学者，能够看到本体，能够理解生活与现实，能够有理论的眼光与技能。最低层次，如果你自己不能做出创造性的成果，你应该能够识别什么是创造性的东西。

爱因斯坦在有了名气之后，普林斯顿大学聘了他去，他自由地从事自己的工作，后来他工作是投入的，但再没有像相对论那样震撼人心的贡献。那他后来是不是被白养了呢？禅宗的《坛经》云：心迷法华转，心行转法华。明白了，人家不用和你多讲。不明白，你自己讲得头头是道，也还是不懂啊。如果你受过学术训练，你大可以说：这是神秘主义或者直觉主义。

所以，在我们的国度，不但思想缺乏，其实学术也很缺乏。这中间原因很多，也不能全怪今日学人自己不努力、不上进，回望20世纪中国学术的风雨雷霆，几多学术英杰被无情扫落，历史的果报，不由人深思不已也。

（2014年11月28日）

学者·青春·人生
——严存生教授印象

严存生老师从西北政法大学二级教授的岗位上荣休了。不过，教授岗位有退休之日，学者生涯却永无退休之时。2013年中国法理学年会在大连市召开，我看到他来参会，并且积极地参加分组讨论，今年我参加了几次学术会议，也都在会上碰到了他。

这次收到严存生教授法社会学思想研讨会举办的通知，我给严老师打电话询问具体事宜，严老师高兴地说，“你一定要来啊。”这么好的师生共聚一堂的机会，我是一定要争取到场的。

严老师是一位真诚的学者，也是一位比较独特的学者。在此写几点我对他的个人印象。

严肃的学者

人和人相处非常奇怪。有的人经常见面，但不熟悉；有的人不常见面，却一见如故。我和严老师见面不算多，但有一种莫名的亲切感。他人单纯、不世故、少心机，一心只钻研学问，正是我心目中标准的学者形象。

我第一次见到严老师，应该是在1994年10月。当时我在太原市大众中学当语文教师，准备报考法理学专业的研究生，趁国庆假期专程到校购买学习资料。西北政法大学高教室的阎亚林老师领着我到严老师家拜访。当时的印象是，这老师人姓严，也的确很认真、很严肃。入学之后，严老师是法理学专业的负责人，也给我们上了好几门课。其中上《西方法学经典名著选读》课时有一个印象，他手抚黑格尔《法哲学原理》一书，让大家提问题，谦虚地说："这书我读了好多遍，当然也不一定所有问题都能回答上来。"不过，大家确实也提不出有质量的问题。当时的感觉是：严老师的学问可太了不起了。因为，黑格尔的书，字你都认识，意思都不懂，是天书啊。

那个时代的研究生比较自由，住旧的宿舍楼，大家都在楼道中做饭，中午晚上，烟火气非常深厚，同学们在这种氛围中相互更了解了。在浓厚的市场经济潮流影响下，师生关系也比较散漫、比较宽松，研究生求学状态大约还是这样比较自然。当和老师们熟悉起来，尤其是熟悉了严老师之后，发现他也不都是那么严肃，笑起来时脸上满是天真。

严老师自己的经历还是比较传奇的。他求学于西安，在上海、西藏工作过，后来为家人团聚调动回西安，留学澳大利亚，终于成为国内知名的法理学和西方法律思想史专家。不过，他属于纯粹的学者，据师兄们讲，严老师当研究生处处长时，每天在办公室也是看书，看书累了就到操场打太极拳，不像当官的样子。

他自己做学问，不大经营关系，文章都是靠实力发表，这在年轻时是比较吃亏的。纯粹的学者，在大学里应当多些，应当受到应有的尊重和礼遇。中国大学毁于战争、伤于政治，近些年来又输给金钱，道德文章之地位每况愈下，这是极端不好的现象。在富裕之后，应当给予那些可贵的东西以独立的价值，对大学来讲，严肃的学者才是真正的国宝。

永驻的青春

我研究生毕业之后到浙江工作，1999年我到上海参加法理学年会。会议组织代表到市场中心参观，我和几位同学陪同严老师活动。参观之后，严老师说是要到华东政法学院查资料。我和几位同学就劝阻，大家在附近找了个饭馆吃饭，聊得什么都不记得了。回上海万体馆附近的会场时，坐在地铁上，严老师闭目休息，我才意识到，毕竟是上了年纪的人了。不过，他后来和我说，他总会寻找机会随时休息，这样能保持工作时有足够精力。大约那次就是这样吧。

之后一晃多年未见。有一次听北京一位同学说："在北京见到严老师了，还是我们在校时那个样子，一点没有变。"

我2006年又到广州工作，开始参加法理学同行的会议，经常能见到严老师。尤其在葛洪义教授担任法学院院长时，学术会议常请他来参加，他也非常高兴地到广州来。见到他，总是那个样子，笑呵呵的。

2008年汶川大地震那年，西安震感强烈。据西北校友们传说：严老师当时正在教室上课，地震一发生，年近七旬的严老师，反应敏捷，立即飞奔出教学楼，跨过栏杆，到了操场上。因为是传说，我也不好求证，就让它作为一个传说好了。不过，严老师自己和我说过，他的生活很有规律，从来不开夜车。一直坚持锻炼身体，年轻时是学校球队的球员，还是国家级的运动员，到现在七十多岁了还能倒立。

岁月对严老师也是公平的，他年轻时并不经营俗务，只专心学术，或许很难得到真正的承认。严老师学生的学生都有带了多年博士生的了，但西北政法大学长期没有博士点，严老师自己也就没有机会担任博士生导师。这是比较遗憾的事。我的印象是，六十岁之后，严老师的优势发挥出来了。六十岁后，一般人的地位、权势的影响也在逐渐消逝，更多地要依靠个人的能力和德性了。七十岁以后，一般人的身体逐渐就不行了，再有地位和资源也没有办法享受了。但七十岁之后，学者如果有一个好的身体，再有真正的学问，就会赢得真诚的尊敬。我也观察到，有的单位、学者对严老师还是有一种纯粹的学术上的尊敬的，一些学术性活动也邀请他当专家、委员之类，这的确是找对了人。

2013年大连会议上，严老师和我说：退休之后的一年间，也是最忙的一年，还出版了三本书，说要在回去后寄给我。我说多一事不如少一事，我自己买吧。严老师笑呵呵地说，那好，反正这点钱现在不是问题。后来翻阅《西方法律思想史》和《西方法哲学问题史》，感到这是一个诚实学者的心血之作，也体现出一个学者不断成长和精益求精的痕迹。我辈后生，一方面觉得感动，另一方面也觉得应当更加努力，才对得起老师们的培养。

也许就在我写作本文的时候，严老师还在按他的学术计划在工作呢。洗尽人生的铅华，我们才能发现真正的学者，严老师则更是学术青春永驻的学者。

成功的人生

“成功”，是当代中国人的焦虑所在；“成功人士”，是当代中国最令人羡慕的一种人。他们是些什么人呢？

中国古人讨论成功的标准有“三不朽”：“太上有立德、其次有立功、其次有立言”。对于学者来说，立德，在启蒙时代过后，人人都聪明多了，不必再费这个心机；立功，是政治家和科学家的事，不必再想；只有立言，或者可能。

当然，从普通人的角度来看待“三立”的话：立德者，以一个伟大的高尚人格，感染和影响周围的人，这个应该算是立德；立功者，在自己的专业领域内和生活中对人们的生活有所改善或有积极影响，应属立功；立言者，在专业领域中的工作得到同行的认可与尊重，这可谓立言。

按现在的成功标准，对于学者来说，我想，有一本书能传世，或者能产生重要的暂时性影响，可以算是成功；对一个老师来说，培养出超越自己的弟子，这也算是成功。至于赚钱多少、住房子大小、车子好坏、各条道上混的朋友多少，也许在生活中算是一种损失或欠缺，在中国的特殊国情中办事时会经常遇到困难，但不会影响自己专业上的成功。反过来，如果一个学者钱多、房子大、朋友多，但就是没有优秀作品、没有优秀学生，那绝对不能算是一个好学者、好老师。

在这个意义上，严老师应当是一个成功的学者、成功的老师。

严老师那一代的中国学者，读书时意识形态气氛过于浓厚，工作时思想解放势头十分激烈，中年之后学术发展日新月异，要跟上形势，不被新人超越、不落伍，就已经不容易，如果还能引领潮头，有所贡献，那就更是非常不容易。在这个意义上，严老师的学术人生是成功的。他是国内西方法律思想史学科的老一代学者，是中国法理学研究会的顾问，担任了两届陕西省人民政府参事。在没有院士的文科专业任二级教授，也几乎是或接近院士的水准了。他培养的学生，在学术领域的表现也都比较突出，当然不少人必须得到其他老师那里接受博士阶段的教育。

我没有资格评价严老师。作为他的学生和后辈，尤其是我自己也走在学术路上，这个问题始终在我面前，逼迫我思考和选择。尤其是我们越来越多地看到，学术界在经费投入增多之后，各类人物争奇斗妍，在某种程度上也在变为名利场、权力场和一个江湖。严老师一类的学者本来不多，今后此类学者的生存会更加困难。诱惑多了，人就难以坚持自己的操守，也就不容易保持独立的品格，也就逐渐将与世推移变为大胆弄潮。在严峻的生存竞争面前，我们应该选择怎样的成功与怎样的人生。如果以严老师作为镜子，在追求“成功”或“成功”之后，我们应该尊重和敬畏那些应该属于真正学者的不朽价值。

在严老师学术思想的研讨会召开之际，记下多年来受老师教诲的几点印象，一方面表达对年高德劭的严老师之无限敬意，另一方面也激励自己在比较浮躁的学术氛围中继续努力奋斗。人生需要奋斗，有其悲剧性；而学者奋斗的目标仅仅是获得一种独立进行专业的机会与获得公正客观的评价，实际上是一件可悲可哀之事。中国学者在远离经济贫困的压迫之后，已经进入名利诱惑太多的选择困境。成功的学者从来需要不断地奋斗，让我们以严老师作为一个榜样，踏上道路吧。

（2014年5月25日于广州）

法学界的“一本书主义”

前人著书有“藏之名山，传诸后世”的观念，所以重视质量而蔑视以数量取胜的做法，可谓“一本书主义”。当然，当代人则将“一本书主义”视为成名成家的捷径，这虽然与前人想法有所不同，但毕竟还有一定的重视质量的意思在。假期读书，感到中外法学界其实颇存在“一本书主义”，值得称道。

法理学的“一本书”莫过于哈特的《法律的概念》，此书一出，几乎五十年来的法学讨论，都以它为中心，至少是离不开此书。而德沃金教授的《认真对待权利》和《法律帝国》也可谓是与《法律的概念》地位相近的著作。菲尼斯的《自然法与自然权利》则是自然法领域的“一本书”，讨论自然法肯定要讨论他的这本书。

广义地说，罗尔斯的《正义论》和《政治自由主义》以及一本小书《万民法》同样属于“一本书”，普遍地被人讨论。

看来，一个作者，写作一本被同行们公认为重要、长期被人讨论的书，对学术界的贡献要远远大于写很多书。当然，由于作者水平高，有的作者提供了不止一本书，如罗尔斯产出不多，但本本都是重量级的精品。

这对于中国学术界来说，具有重要的示范作用。

中国法学界有没有自己的“一本书”呢?

瞿同祖先生的《中国法律与中国社会》就属于这样一本书。能够成为“一本书”即接近经典地位的作品，标准应当是，你写过了，其他人就不再做重复工作了，你的工作为大家所接受，大家还不能绕过你的工作；故意忽略也是没有用的，因为它是公认的，故意忽略，反而容易被人视为外行，不了解同行的工作。你觉得作者水平不咋样，你也能写出来，也不行。因为，这个作品是他写出来并为人所接受的。这类似于“眼前有景道不得，崔颢题诗在上头”，你得有新创意。

当代中国的法学，引用率最高的作品当是邓正来、姬敬武翻译的博登海默《法理学》一书，估计在近二十年内它所创造的纪录可能也将无出其右。一本普通的美国法理学书，不是经典却产生了超越经典的传播效果，这是一个特殊情况下产生的现象，以后这一现象应当是不会再发生了。我还记得上世纪90年代中期，法学研究生无书可读的现象，有这样一本书，提供了一个洋派的全面的知识体系，译者功德可谓大矣。

我印象比较深的作品中，张文显教授的《法学基本范畴研究》，当时一出影响甚大，虽然后来修订本《法哲学范畴研究》在体系上有了新的创意，但要获得当时的影响，不容易了，读者的认识水平普遍提高了不少，这当然包括该书初版的部分影响。夏勇教授的《人权概念起源》在人权研究领域的影响甚高，虽然现在作者已经很少再写东西，但这书的地位不容易动摇。朱苏力教授的《法治及其本土资源》在当时的贡献比较大，大大开阔了研究者的视野，是不是能够在未来继续保持影响，还有待观察。季卫东教授的论法律程序的论文，则是影响力堪比一本书的作品，根本上改变了同行们对法律程序的看法，也许诉讼法学的学者们都应当感谢他。

这里无意列举更多的作品与作者，如果开列下来，需要更为科学的标准，可能还应该排排座次。这活儿不是凭印象可以做的。

我感觉，当代中国法学界应当重新提倡“一本书主义”，尤其是重点法学院系的老师们，应当有此抱负和胸怀。一开始由于学术水平的起点普遍低些，有些相对弱的作品还是可以接受的，但未来学术产出的数量增加将非常迅速，学术作品的淘汰率也将大大加速。朱苏力教授的《也许正在发生》一书讨论了当代中国的法学，并提供了一个引用率的文章与书的排名，如果每十年进行一次引用率的调查，这个数据应当有所变化才对。

以“一本书主义”的标准，已经获得比较稳定的学术地位与声誉的学者，再进行数量上的重复，对于提升和维持自己的学术影响意义已经不大，甚至可能是负面的。如果未来会有一个作品数量与高引用作品量的评价，可能会适当控制那些过度生产无效知识的作者。

当然，学术这件事，本质上作者自己的心理定位更为重要。

从作为制度的学术评价来说，应当鼓励“一本书主义”，消除目前无效作品过多、“类学术”作品过多的现象。因为这种现象往往导致初学者不知如何入门，甚至将质量较低的作品与经典作品混为一谈，研究生对文献的引用即反映了目前各个学科普遍存在的乱象。他们不知道什么是经典，也不知道各学科的知识形成史，不了解学科中的重要作者。我对法学创新网那个高产作者榜的搞法，实不以为然。虽然他们的工作不少还是不错的。

如果大家普遍重视自己的写作，尤其是已经形成的名声，可能我们基本上遇到的都是值得一读的书，读后都会有所教益。对于从事学术性阅读与写作的人来说，那将是多么美好的局面。这一天应当会迅速到来。就我的有限了解，“80后”“90后”的年轻一代学者成长条件已经大大改善，他们的学术标准更为成熟，学术评价也颇为苛刻，即使那些在过于浮躁的氛围中有所迎合与伪装者，心里应该是有清醒的判断的，我估计他们应当有更为远大的抱负和志向。会不会优秀的作品正在诞生之中呢?

（2016年2月18日）

士林的衰落

前些天看到一篇微信推送的文章，是对时事的一个批评，分析科技精英是怎样变成了政治流氓。精英与流氓之间的界限日益模糊，是当代一个值得认真思考的现象，不过，我想从另一个方面来讨论，士林是如何衰落的。

精英自觉或不自觉地流氓化，实际上都表明了一个严肃的现实：士林消失与衰落。说消失可能有些过于严肃，那就还说衰落吧。

以明代王阳明为例，阳明虽然是高官，但还是有不少学生自身也是级别不小的官员，有不少学生是年轻的有前途的官员。但只是因为大家都追求真理，因此，当阳明体现出拥有真理的那种自信，并且真的能够对人走近真理有所帮助时，无论是否官员，求学问道者就服了。

《传习录》中有一则记载：

一学者从朱子处来，行为言谈颇有怪异处。阳明洞悉其病，指出：今世人浅之为声色臭味，进之为富贵利达，又进之为文章技艺。又有一般人都不理会，却谈学问。吾总以一言断之曰：胜心。结果是，说中其病，这人后来就明白了，改正了。

或许当时讲学风潮，已经成为风气，有的人只是跟着这个风头，在赶时髦，装样子。类似于今日大学中纷纷组织读书会，连不读书或者读书只为名利者都装出一副读书样来。即使如此，也得承认，士林自身因对真理的追求而获得了一种势力，从而不但具有独立地位，而且具有一种影响世间的力量。

再以康梁为例，梁启超年少于康有为，功名早于康，但梁一见康，就被康的学问所折服，从此甘心作为康的弟子，学习有用的学问。这也是因为真理而放弃世俗功名地位的一个例子。

学者应星对今日学界有“学界新父朽败”的判断，虽然有打翻一船人的极端，不过，所言切中中国学界今日的巨大存在，言人所不能言，确实发人深省。

今日在朝之学压倒在野之学，学术尽被体制所吸纳，应当是一个基本事实。纯粹学者边缘化，纯粹学者影响日益缩小，也是一个基本事实。这都导致了士林的衰落。

从利益与资源的角度来看，体制掌握了几乎所有的经济基础、包揽了几乎所有的名器分配，也垄断了几乎所有的话语表达，留给体制之外的空间日益狭窄。学术与体制已经接近重合，而现代社会的特点是离开体制几乎无法生存，至少是无法以学术的方式生存。人不可能不首先在过上正常生活之后才从事精神领域的事业，缺乏相应资源与利益，对士林的衰落是致命的。

从信仰的角度来看，由于高度西化与现代化的学术本身同时也加速推进了世俗化，学术与信仰之间的关系日益疏离，从事民间学术或自由的非体制学术者，一则因缺乏相应的技术与信息便利，一则缺少相应的知识优势，反而在知识与思想贡献上，可能未必比体制内的学术有更多贡献，沦落为“民科”、“民哲”，这也加速了士林的衰落。

从吸收人才的角度来看，由于近些年来大学规模的扩大，为学者提供了较多的岗位，大学工作本身的特点仍然能够容纳相应的人员生存，虽然体制同时也进行了相应的管理与规训工作，同时辅之以相应的身份鉴别与地位晋升机制，使得体制在提供学术规训、予以束缚的同时，仍然能够以相对柔性的方式实现双方利益的共赢。

但最突出的现象是，士林衰落了。

现在，似乎不再存在一个强大的、构成对体制力量进行批评的独立声音，也不存在一个学人认同的“真理”场域需要维护了。

首先，利益之获得代替了真理之追求。“去价值化”或“价值中立”的韦伯式命题，给部分学科与学人的“无价值”生存直到“无价值感”生存，赋予了一种“合法化”，对那种从价值中立之学术到缺乏道德感的生存方式的过渡，提供了一种说得过去的理由。至于部分社会科学尤其是与权力与资本关系密切的经济学、法学、管理学等学科的不少学人，在参与现实的工作中，既得到实惠也体验到“知识就是力量”，知识不但是力量，而且是权力、是财富、也许更是其他。在得到利益的同时，放下对真理的追求，似乎并无损失。这真是孟子所说的：“古人之修其人爵，天爵随之，今之人修其天爵，以要人爵，既得人爵，弃其天爵。”既然得到了名利，名利之外没有得到什么也就可以忘记了。

其次，相对获得感，使学人遗忘了其使命。所谓相对获得感，我想可以视为，不管获得了什么，学人和那些追求真理而显得困顿的人相比，总是能够感受到自己的明智与通达，从而增强了因获得世俗利益方面因生活改善的那种“相对的幸运”，还追求什么真理呢？到底有没有真理，说不清了。

再次，世俗评价越位行使学术评价尺度。我为领导论证个东西，不但能拿到项目，还能获奖，不同样有社会承认吗？士林批评与鉴定之缺乏，使得“伪鉴定与伪评价”僭越地行使学术评价的权力。对于年轻学者的影响，这一点非同寻常。

最后，体制对学人的收编使士林更易萎缩。对优秀学人定点进行收编工作，使得体制不断地将可能游离于体制之外的优秀分子及时吸纳，使得士林缺乏相应的有号召力的人物，体制自身虽然将优秀学者与伪学者、假学者同台并列，但体制能够以资源对优秀学者予以回报，一些学者可能也能容忍这种美丑同台现象，毕竟这是体制的标准。

这种士林的衰落，对学术的影响是巨大而深远的。

由于缺乏一种客观存在的学术标准与评鉴体系，体制自身成了学术评价本身，这导致了学术出现全面的堕落与蜕化。作为现实存在物的体制本身，本来在许多方面可能成为学术研究的对象，应当受到学术的审问与批评，但体制自身成为学术，并发展出一个高度有效的学术体制之后，对体制的学术工作尤其是学术批评成为不可能。这对中国学术的独立性、中国学术质量的影响，是负面的。

掌握权力与其他丰富资源的体制，尤其是以项目与经费形式存在、辅之以职称与学者称号制度、核心期刊与引用率等类学术评价机制的成熟运作与普及化，使学术进一步制度化，方便了管理，从而学术丧失了其自治性特点，而成为被管理、被考核与被要求的生产领域。中国人民大学张鸣教授就指出，大学是个养鸡场。值得指出，教育学与管理学的相关学科向学术界提供了束缚自身的不少恶劣的知识供应，使得中国学术的局面更为恶劣。一些学者回忆当年政工人员多为文盲或行伍者时，学术反而有更多的自由。因为，这类政工人员至少不会与学者进行学术场域的资源争夺。

权威型学者的缺失，使士林更无从想象自身的存在。钱穆著《中国近三百年学术史》，描述了此前三百年的中国学者。如果要续钱书，显然，当代学术似乎无可称道。既不是高原，也无高山，并无大师，而各大学却争相提供大师岗位，虚位以待。如先设神座，待神来临。然而，无神。现实中学者的状况，却是，大家相差不多，纯真学者与伪学者的学术水平无大差异。这只能说是命运，所以钱钟书式的学者已经成为绝响。今日智库建设甚嚣尘上，不少优秀学者势将再次被席卷，被边缘化。

虽然现状无可言说，不过，对于历史，一切都会过去；对于历史，当下并无特殊的重要性。未来一代的学人，也许将在“80后”、“90后”、“00后”之中诞生。他们会直接越过50、60、70几代学人所无法克服的障碍吗？士林会在他们的努力之下重新崛起吗？这只能等待时间的检验。

（2016年3月23日）

学术的体制评价、江湖评价、民间评价

学术的评价，前人的标准是两个："庙堂之高"与"江湖之远"，即官方评价与民间评价。这一评价标准长期适用，好像也还可以。

近些年来，我观察到对于学术评价似乎出现了三类评价标准，分别是：体制评价、江湖评价、民间评价。说中国事情和行业的事情，不涉及具体个人的评价讲不清，但有时讲多了会得罪人，我尽量不涉及他人已经取得的社会成就，少得罪人，多从形式上来讲这个道理。

其一，体制评价，即官方评价。比如，国家级、省级、厅局级、县级等课题级别与科研奖励级别。体制的评价是以行政权力级别为标准的，这个标准是严格的"官本位"，大家也无所争议，因为行政级别非常明显。

举个例子，得个北京市级法学奖励与西藏区级奖励是同一级别奖励。不过你如果是行中人，一想就会觉得有时并不然。你在北京法学名家云集的地方争取个奖励，可能一辈子都争取不到。在北京大学民法教研室得个民法奖励，可能比在其他法学弱的省份得省级奖，要难上几倍。

体制评价不甚合理，而还能有效，原因仅仅在于，它有资源。如果体制只评价，不发钱，不配给资源，它的奖励项目的影响力，就基本上不大了。人们也就不会感兴趣了。

其二，民间评价，因为是过去一直存在的。每个已经混成大腕的牛人，自己在没有体制性权力和资源时，也曾经是“愤青”一枚，也更热衷于民间评价，这个时候一般民间评价代行真正的学术评价标准。

五四时期的“新文化”诸家和清华大学国学研究院时期，民间评价基本上完全取代了体制评价的地位，原因在于，从业者的生态比较好。汤用彤教授的书得了国家最高奖，他很生气：多来只有我给学生打分，谁有资格给我打分？那些评委谁能看懂我的书。今天却是上赶着求给个好评啊。以为有了好评就有了学术。

今日的情况比较复杂，博士生中流传一句名言：“谁导谁还不一定呢？”据说这是北京的博士生们因为对博导的水平不甚满意的一句戏言。不过，这话只能在私下说，明面上没有人敢说吧，尤其是对自己的老板说。但在还未进入特殊利益场域的博士生中庶几保存着学术的民间评价。

其三，江湖评价。我觉得如果不提出存在一个学术江湖以及学术的江湖评价，似乎难以对目前的学术现状进行解释。

上世纪90年代，经济学界有篇文章《如何成为“著名经济学家”》，里面以戏谑的方式严厉地批评经济学界的非学术现象。时至今日，我发现，各学科基本上都以正面接受的方式把那些不太好的做法发扬光大了。学界在相当程度上成为一个鱼龙混杂的江湖。

按过去的理解，学术在不正常的状态下，被官方垄断和打压控制，最终可能激发出明代书院、东林党人的局面，在最残酷的形势下，学者日益稀少，只能保留如明末清初顾炎武、黄宗羲、王夫之等少数的避世型学者。在学术繁荣时期，民间评价开始恢复局面，非学术类生活不能在学术场域占据主流，假学者假学术会受到严厉批评。

今日的情况比较怪异。出现了一个学术江湖，也存在着一种江湖学术。

我曾经提出过“类学术”的概念，说它是“类似”学术，但不是学术，还在以理想的学术标准来批评和范导那些现象。不过，如果从学术的现象学角度来看，对于存在的我们仅仅描述它，那么，“江湖学术”与“学术江湖”的说法似乎更为合理一些。

并非受体制影响的“非学术”类型的学术，可以称为“江湖学术”，有些“非学术”现象是体制原因造成的，可以要求学术宽容、建议政府改善相关政策，有些则显然与体制的行为无关，它确实是“江湖”的。在各种非学术活动的影响下，学术活动逐渐成为一种表面学术而实质不学无术或不学有术的准学者、类学者聚会及重复性生产学术关系网络的活动场域，就使学术场域成为一个“学术江湖”。“学术江湖”自然生产“江湖学术”。

学术是天下公器，江湖学术使其成为垄断的私器。江湖的传统是民间的，但在民间也受到体制影响，民间活动也要建立在秩序的要求下，民间也同样成了一个体制。真是有人的地方就有江湖。江湖就会形成江湖利益，形成江湖标准，需要江湖运作，尤其要进行人员招募，还要进行利益分配。处处接近一种体制，即权力的运行逻辑，处处表现为一门生意，即金钱的生存之道。但似乎，受损害最严重的是学术本身。

当学者越来越像官员，也就会对权力的兴趣最旺盛，假话套话连篇，内政外交才能成为学者成功的秘诀；当学者越来越像商人，就会对利益的嗅觉最灵敏，交换买卖不断，管理经济才能最为重要。此种情形下，在表面繁荣中日渐没落与消亡，看来是学术的必然命运。

本来，可以对其内在逻辑进行一个分析，但分析要以具体事例才能有说服力。还是先算了。明白目前学术运行逻辑的人，他或者是视为本然状态而生活得生机勃勃，或者是甚感痛苦而无可奈何。

是不是只有文科学术存在问题？这不一定。不过，由于权力和金钱对自然科学的内容无法介入，相对要好得多，自然科学学者也有更多尊严。实际上，文科学术不得不与权力与金钱进行“平等”竞争，而且往往落败，落败之后更多的学者不得不为了生存而聪明起来，导致现状更为不堪。

在现代社会生活多元之后，人不一定非要当学者，即使是在大学中人也不一定非要当学者。这是好事。不过，在“体制学术”与“江湖学术”的夹击之下，中国学术的现状与前景，很不妙。大学教授普遍愿意将孩子送到国外读书，至少是读研究生，不客气地说，即使不能说中国学术的信誉接近破产，但说我们自己对中国学术的现状的评价是非常之低，还是客观的。

怎么办？历史是一条不断进入隧道黑暗又不断进入光明的道路，当你以为黑暗时，也许已经快要进入光明。这时候只有等待人性的觉醒了。任何时代都不是理想时代，理想主义者对现实的评价往往过低。我在批评现实的缺陷时，有时也在反省，是不是过于悲观了。好在，我只悲观我自己，我走我的独木桥，不妨碍永远有一条阳关大道。

（2016年2月24日）

法理学与法史学的学科设置问题

在法学一级学科的十个二级学科中，法学理论与法律史是两个普通的二级学科。除军事法学因有特殊性而开设相当少以外，其他的九个二级学科都处于同一层次。可能知识产权（法学）日前地位特殊些，因受地方政府的支持，一些法学院同时有知识产权学院（非知识产权法学院）的牌子。

法学事实上可以划分为两大部类：其一是理论法学，法理学与法史学就属于理论法学，或许应当按照官方的标准称呼其为“法学理论”与“法律史学”；其二是部门法学（即应用法学）。

目前的学科设置与专业设置，使得理论法学的发展受到较严重的削弱。

中国法理学的知识体系，与其他国家的知识体系相比，很明显，显现为一种纯粹的“理论型”法学，与具体领域研究的热火朝天不同，这些年来它一直保持着稳定的教材体系。由于在这一体系之下的知识贡献与理论作用已经发挥殆尽，近几年来法理学的影响力明显下降，部门法学者对法理学从期待到轻视，再到无视，值得注意。不是说法理学能“指导”部门法学研究，而是作为专门的理论学科，你专门从事这一行当，至少在理论方面要提供一些独特的有价值的东西吧。显然目前的状况，值得重视。

法史学的情况怎样呢？我读法史学的著作较少，但读历史学的书不少，也从个例的角度说明，法律史的贡献没怎么引起法理学者的重视。当然，我估计法史学者也不怎么读法理学的书了。

按照西方同行的学科划分，法理学与法史学可能应当细分为如下学科：中国法律思想史、外国（西方）法律思想史、中国法律制度史、外国（西方）法律制度史、比较法学、一般法理学、法学与跨学科研究等学科。

北京大学曾经以“法律思想史”专业招收过博士生，后来的“法律史”专业划分，使这一专业消失了。至少在博士生阶段，应当恢复上述各具体的学科，从而有助于改变目前法理学与法史学两个专业的学者，由于研究对象过度稠密、拥挤，知识强度过大，不少人在完成博士训练之后，仍然没有能够成为一个专业人士。学科设置过于粗放，导致知识工作分工不够，对法学知识的生产与整理，带来的影响是比较大的。

可能有一个考虑影响了学科设置的进一步细化，那就是就业问题。法学教育向美国式体制滚动过渡以来，实际效果其实一般。虽然就业市场用人不太多，法学院的生产机器却一直没有停止，还在不断扩张。至少在博士生阶段，应当形成明确的知识分工，至少形成中国法律史与外国法律史两个学科，各院校可以根据情况，各自重点发展思想史与制度史研究。虽然目前各校也有所侧重，但是，由于学者在过于宽泛的专业领域中工作，各种业务安排也需要如此进行，比如召开“法律史”学术会议，这基本上是一个大型的跨学科会议，基本上在技术上就无法实现会议交流的目的。

部门法学者这几年来对其从事专业的感觉如何，我不太明了，不过，法理学近年来的发展，确实到了需要进行相应学科细化设置的地步。大家都从事知识工作，却达到无法交流的地步，一方面是因为大家水平都是创新性的，这个估计暂时还不是；另一方面，大家已经不是同一行当了，这个因素是很可能的。

观察法学之外的其他学科，其实不少家长与学生并不愿意选择的学科，居然也门类齐全，知识划分甚是细密，虽然你对它还有些不同看法，也不影响它蓬蓬勃勃地发展。法学教育界可能不用因太过担心就业问题而不考虑学科设置与划分问题。

当代有一博雅教育或通识教育观念，虽然专家更吃香，不过通才更令人向往。如果把学科划细了，博士是够专业了，会不会影响将来通才的供给呢。这个问题应当是下一阶段考虑的了。

（2016年2月2日）

讨论道德问题的一个视角

“世风日下，人心不古”，是句套话，古人常说，今人也用。看来，任何时代的人都对自己时代的道德现状不满，不独今日为然。我觉得当代中国讨论道德问题不少是过度讨论，让道德承担了不必承担的责任。试以一些现实例子分析。

其一，经常听到的一个事例是公共交通工具上的让座问题。到底是让座还是不让座？一般都将此作为一个道德问题来看待，对于不让座者的道德给予鞭挞，获得了一次又一次的道义上的胜利。有人为此还专门拍了电影（《搜索》），有的老人还能强迫他人让座。这个社会的观念真是乱得可以。抽象的议论好说，但当自己也处于此种需要有人“让”的场景时，则同样无法采取“让座”式的道德行为。是以，整个社会的道德状况仍然无所改进。原因何在？

一个重要的原因是，资源的过分紧张。以公共交通为例，政府对公共交通的投入过少，修建地铁等项目也主要是为了提升城市地价以便多卖地挣钱，大家在有限的资源面前，不得不随时保持着一种竞争的态势。看着上下班高峰地铁站那人潮，就想，这地铁公司得挣多少钱啊？

资源紧张，人就无法保持绅士，绅士多了就会受到惩罚。惩罚之后就无法再装道德了。这是一个政治的或社会治理的问题，往往被偷换成了道德问题。

纽约街头的自行车，原来不需要锁，后来需要锁一下，再后来也需要用中国那种真正能防盗的大锁了。社会生存的现实会压迫人的道德底线，也会改变人的道德选择。坐过美国加州的火车，小站都停，双层，人少得很。心里想，他们怎么赚钱呢，这不得亏死？家人坐英国的城际列车，说有时车上没有人，没有人这车就不用开了吧，还是要开。这是公共交通的投入。国内被GDP观念和赚钱、发财浸透了心的政府，大约根本没有想到要给公众提供足够的、体面的公共交通。于是，在资源稀缺之下，人和人像狼一样拥挤着，也使更多的人开始想办法离开公共交通。街上车更多了，大家都挤着，有的在自己车里堵在路上，被公交地铁挤怕了；政府的办法是，限制车号。号召大家少开车。呜呼！

其二，类似的一件事是，有人落水，然后无人下水救。最后对岸上的观众进行道德谴责完事。实际，我在现场也只能看，为什么，虽然我会在游泳池游泳，但要救人，这三脚猫功夫可根本不行。我估计大家都差不多。现在，估计真有能耐救人的也没有几个了，谁能保证他在现场。

这事实上也是一个社会学问题。你可以统计下每万人中有多少人，有能力下水救人，估计不会很多。一则，现在大家都是在安全环境下锻炼而已，已经少有在自然环境下扑腾的本事；二来有这本事也没有这个义务，非得在当时出现在这个现场。如果真要解决这个安全问题，倒是有必要，培训一批安全人员，哪怕兼职的也行，有能力也有义务在此种场所救人。估计有管理权的有关部门还没有动力操心到这个程度，我也是瞎操心。

其三，孝敬父母问题。有人建议制定“常回家看看法”，并规定了相应罚责。这也是一个非常好笑的现象。严厉的户籍制度和混乱的社会保障制度，以及可怕的医疗卫生体制，造成了多少家庭的分离悲伤，对“农民工”来说其悲惨程度更是难以想象。不在这些方面提供更多的方便和人道，而要求普通人克服困难，让社会显得体面些好看些，也是错了方向。

例子可以举出很多，但对于明白人来说，不用多说。总之，将一切管理与社会治理所造成的问题偷换为公民个人的道德问题，让道德尤其是普通人的道德承担过多社会治理失职、失败的责任，既是文不对题，也暴露了一种严重的智力问题。当人们习惯了指责普通人的道德，而对能够解决问题的相关措施、相关部门不予以严厉的问责和要求，此类事件仍会一而再地发生，于是，道德似乎就真正成为一切问题的源头了。

道德不是不可以再提高，不过，要求普通人以“被迫牺牲”和“强迫奉献”来表演道德高尚，实质上是一种对人的变相奴役制度，并无真正的道德价值。要问一声，我们创造的资源哪儿去了？中国这全球经济第二大国（我认为是第一）还需要公众继续透支自己的生活多久，才能活得体面些？

（2014年9月28日）

学术资源占用费与钓鱼机制：中国大学困境的两个解释

近几年来，中国大学事实上获得和使用的资源，与国际上其他大学相比，从货币购买力（尤其从人员费用）的角度看，应该说已经完全脱离了上世纪90年代之前的困难局面，已经有足够的资源作出优秀的成绩。

为什么中国大学还没有作出重要的成绩，一个方面是，成绩需要时间，不可能一有钱就立竿见影；另一方面原因是中国大学的学术权力已经成功地实现了"外部人控制"，由非学术与非大学从业人员控制。

目前引导大学（仅指研究型大学）的因素有二：成果量化考核与项目评审制度。它们共同形成学术评价机制。而这两大比较核心的机制，基本上都由大学外部力量控制，从而使大学不得不更多地丧失自治权力。

我逐一分析下。

从成果这一头说，管理层的想法是：人不能不用成果制管理，不然会偷懒。南京大学搞SCI数的办法，逐步普及，同时SSCI与CSSCI等名堂也开始发挥作用，成为管理层非常方便的管理手段。成果实现了数量化管理，“管理”就真正能够不依靠实质的内容评价，而仅仅从形式可以评价。你发一篇，他发两篇，他牛。你说我形式化，不还有期刊分级制度吗？它将此种评价机制相对合理化了。但这样可操作的办法，其实完全可以交给电脑，可以根本排斥人的因素。最终，因为成果量化考核的重要性，掌握成果刊发的机构与人员获得了对大学研究者的优势与控制力。行中人应当普遍有所感受。期刊所要求的版面费更像是一种“学术资源占用费”，名学者不用交版面费，更像是期刊因了名人的名声而以“广告费”对冲了“学术资源占用费”；名学者不交版面费，这个何必说呢。但对社科系统学术投入的严重不足与体制改革长期僵化，对于社科系统同样值得反思。

不过，值得强调，文科学术在此过程中受到的损害最大，因行政化与外行化、功利化诸多因素作怪，有时反而非学术的应景作品更容易炮制并现世，这实际上大大违背了学术规律，也有害于学术的发展。如果成果量化制不变，至少应当允许学者自己办同人刊物，不要再控制刊号发放。这个还不是出版自由，而是请求放松对专业自我发展的控制。不过，也许正是这两个相互配合的制度，才能导致资源紧张。

从项目这头说，项目不过是经费，而且是权力方的经费，因此有纵向与横向之分，纵向有等级之分。实际上，以权力机关等级而不以成果质量与声誉评价学术之不合理，并非大家没有此种认识，只是项目制度成为变相的分肥机制，把学术界的牛人的嘴都堵上了，心智也被钱熏迷糊了，而且自己也有好多人情要照顾。终于，在学术界人士的参与下，项目制度也成为一种类学术控制机制，你说我不学术，我找几个学术牛人参与，你再敢说我不学术。

它确实是一个非学术的制度安排。它将本来应当赋予研究者的权利上收，再以类学术的集权化方式进行资源分配，既能够体现某种意志和导向，也容易完成某种控制与操纵。我常常觉得它浪费了从业者巨大的劳动，同时也体现出某种成功的羞辱。渔夫手里拿着一个鱼竿，只有一个鱼饵，把满池的鱼儿都吸引过来，但只有一个鱼饵。虽然只有一个鱼饵，但无论哪条鱼吃到了，毕竟是很肥的。不多的钱，把全国的学者调动起来填表、互相拉扯关系，最后即使拿到，还要找发票，你再说我腐败，我让你先成为腐败的“原罪者”，至少是参与者。这像是一种钓鱼制度。

我想，有良知的学者、有道德感与社会责任感的学者，并非不感受到这种做法之荒唐，也并非没有意见。但由于资源并非由大学所能掌握与支配，中国的大学同样是被此种钓鱼机制所裹挟，自己本身也是一条鱼，大学领导们也不得不在管理层的鱼饵面前“为五斗米折腰”。

我觉得，一个相当长的时期以来，“学术资源占用费”和“钓鱼机制”，以成果量化和项目评审制分配研究资金的管理方式，严重地形成了外行管理内行、专业工作非专业化（填表胜过研究）、劣币驱逐良币的现象。它应当在相当程度上为中国大学在获得了相当资源之后未能实现相应的成长负有责任。

本文仅批评不合理现象，用何种制度来替代目前此种机制，就先不讨论了。

（2014年9月19日）

平等、权利与正义：罗尔斯、诺齐克与秦晖

诺齐克《无政府、国家与乌托邦》一书，近日才读完。这书是为批评罗尔斯《正义论》所作。罗氏书1971年出版，诺氏书1974年出版，二人是同事，在著作成书前罗氏已有研究论文发表，诺齐克应当对其同事的工作有所了解，因此前后出书时间才如此相近，且同为当代名著。

诺氏不同意罗尔斯的观点，罗氏认为，当代正义问题应当是最大限度实现人与人的平等，并建立保障平等的制度。诺氏认为，最应当警惕的还是国家与政府权力的界限，因此重申权利是正义的第一位因素。

全书三个部分正好构成书名。一开始觉得这书名有些别扭，读完之后就觉得顺了。

无政府篇，主要是讨论：为什么要有政府？没有政府即无政府主义的主张在现实中行不行？显然不行。讨论仍然以自然状态为逻辑前

提。可见自然状态观念的重要性。

国家篇，讨论国家与政府权力的限度。政府应当干什么，什么样的政府是正当的、可证明的，即政府享有什么权力。显然，仅仅是比无政府状态稍微多了一点点的政府能够得到证明。政府只应当拥有保障自由社会中人们自由活动和竞争的秩序的权力、同时有能力解决争议，这些权力就足够了，再多的权力就不应当拥有、也不能证明。这是针对罗尔斯对于理想社会的设计提出来的。这也是对守夜人式国家说在有了新对手之后的重新论述。

按译者姚大志教授的观点，无政府篇批评无政府主义，是虚的；国家篇批评罗尔斯是实的。顺此理解，可以说，乌托邦篇，是对顺理成章地得出的诺氏自己的最小国家理论的一个赞歌。

他把乌托邦扩张为诸乌托邦，认为，所谓乌托邦其实是人们对好社会的一个想象，它不能具体化。因此，不如干脆将它作为一个能够容纳各类人的各种好社会的想法的一个平台，译者译为“框架”。平台是中立的，但它能够为人们追求理想、自由行动提供最现实的条件。这个平台就是美国社会的理想。

说了半天理想，最终似乎说，最理想的就是美国的现实。这话没有明说，但大体可以成立。北欧制度养懒人，苏东体制下人不自由，中国模式普通人生存过于残酷与艰难。

罗氏和诺氏的理论在中国也有其部分的现实性。按照罗氏，社会财富属于大家，因此，应当让穷人活得有尊严些，差距不要太大。当代中国的差距岂止是大，岂止是差距可以表述得了的呢？！罗氏理论对此现实就无法思维，那套东西说明不了现实。按照诺氏，社会财富是人创造的，你也在社会中混，但没有创造出那么多财富，你只能接受。不能想占别人的便宜。中国的现实是，如果成为强者，不但我的是我的，你的也是我的。

但二人大体观点的倾向仍是明显的。一个是平等论者，要让大家都过得体面些；一个是权利论者，谁的就是谁的，别打人家的主意。写书的人，作为使用专门学术话语者，有时不好讲得太白，比如“穷人”就不宜讲“穷人”，而要说社会不利群体，听起来舒服多了。连强者、弱者都不好意思讲，对理解起来增加了不少困难。当代中国学校中，“差生”不让讲，要讲“学习有困难的同学”，真不嫌累啊。

罗、诺二位虽然观点不同，但都说的是美国的事，或者范围再扩张一些，说的是建立了民主体制、尤其是实行了某种福利国家制度的那些国家的事。

这两种理论到中国后，都不对应于中国的现实。中国人既需要平等，也需要权利，既需要国家为穷人搞一些基本保障，更需要对富人的财产予以明确保护。

中国现实还是秦晖教授讲得透彻：左派和右派都有道理，左派提倡公平，右派主张自由，中国恰恰是既需要公平，也需要自由。政府则利用左派来扩张自己的权力，利用右派来推卸自己的责任。

罗氏认为社会应当注重平等，诺氏认为社会应当保障权利，秦晖教授的观点则应当看作对正义的中国式认识，社会应当是正义的，既平等，也自由。

读罗氏和诺氏的书，再读秦晖教授的文章，收获明显不同。并不是高水平的书就收获大，原因何在？我感到，读书之所以困惑，就是因为不少书并不是为你写的，你不是作者心目中的理想读者，他不试图说服“你”，而是想说服其他人。

下一阶段，应当就是停止高税收、低福利甚至负福利（秦晖语）、视全体人民为GDP增长的潜在资源的发展模式，这种模式下，政府就是向钱看、就是卸包袱、就是把一切推给社会，问题是所谓的推向社会，其实还在中国大地上，不过是以权力、资源分配的方式玩游戏。应当逐步以法治的方式建立起一个覆盖全民的福利体系，并且要从最不利者做起，逐步向上覆盖。政府也要将投资型增长的习惯行动模式改变一下，让社会成员自身去创造和追求财富，自己就把手收一收。权力加资本，或者权力本身成为资本，一定会使社会其他人根本无法竞争，充满恐慌，谁能干得过你，无本生意、摁住人就要钱，对政权的合法性造成相当的困难。

顺便向爱读书者推荐一下，秦晖教授的观点很有价值，他的文章网上很容易找到。

（2014年9月3日）

观念世界的意义

文科学者的读书或者写作，和工科的人搞专业的感觉是不同的。报项目时，工科的专家可以很自然地写，有多少多少经济价值或效益，文科的学者就没有办法理直气壮地写。你说，司马迁写《史记》有多少经济效益，这个项目该立个什么级别的？

现代社会，科学技术对社会和生活的改造力量突显，工程专家，某种程度上包括自然科学家，其社会作用不言而喻。而文科学者的作用则显得比较可疑。

不过，当代中国目前面临的重大挑战，越来越需要文科学者解决。而且还要求文科学者具备相当深入的科学素养。现代社会被科学化了嘛。

早饭聊天时遇到一个问题：既然人们百年之后，都不在了；那么，那些忙碌、那些事业，有什么意义呢？

意义的虚无，价值的不确定，是当代中国最突出的问题。

人是为意义而奔忙的。没有意义或者生活意义虚无之后，忙什么，就都没有劲儿了。俗话说：没意思，没劲儿。就在表达这个感受。

是啊。当代中国每个人或许都或多或少会遇到一种虚无感、无力感。

人为什么要忙，这个和人对自己生活的认识有关系，用句通俗的话，和每个人自己的“经济核算单位”有关系。我想大体有三个主要的生活意义的“经济核算指标”。

第一个标准：现世与来世。如果认为，只有自己有生之年的日子具有核算意义，那么，他的打算就以自己有生之年为计算范围。但具有信仰和传统的人们，则往往不以个人生存时段为限制，往往以更为长远的时间为计算单位。有时甚至更远。

中国的唯物主义教育甚深，一般地人们都以现世为计算单位。这对于中国社会的道德与伦理观念的影响是非常巨大的。人们都比较俗，比较现实，比较实际，过于“朴”或者“粗野”。以现世为计算单位，超脱了许多复杂因素，不过，也使得生活意义过于狭隘和干瘪。好在，中国人有家庭观念，家庭在某种意义上具有历史延续性，相对模糊地克服了现世主义过度功利的观念。

第二个标准：大我与小我。这是其次的标准。人们以什么标准划分利益的界限。人相对地都是自私的或利己的，但对“主体”的理解不同。对利益范围的理解不同，“我”也就不同。大体而言，中国人倾向于以个人为中心划个圈，离我近的，关系亲密；离我远的，关系疏远。远近的判断过去是以“亲等”（血缘、姻亲）为标准；现在可能是以利益和情感为标准，而主要以利益为准。

普通人大约就基本上是“小我”型的，有点家底和事业的大约可以近似看作“大我”型的，他考虑的范围要更广一些。以腐败官员为例，因为要照顾的私人太多，所以，官越大，对自己小团体的责任也越大，当然大家对他的期望也会逐步升级，都想从他的权力中分享到超越规则、优越于他人的利益。所以，腐败和违规的活动能不忙吗，能停得下来吗?

第三个标准：价值权重的差异。人生的境界大约有三，按鲁迅的话来说：我之所谓生存，并不是苟活；所谓温饱，并不是奢侈；所谓发展，也不是纵欲。这就可以分为生存、温饱、发展三重境界。在生活内容超越了生存之后，尤其在发展阶段，你选择什么生活内容、追求什么生活目的，就非常丰富多样了。这时，你对各样事物赋予何种权重（重要程序）就体现出来了。从不同的人对闲暇时间的利用可以看出他对事物的价值判断。喜欢打麻将的，喜欢旅游的，喜欢钓鱼的，看书的，请客吃饭的，有的要听音乐会，有的想学一门新技艺，等等。

文科学者的工作，使我们不仅仅生活在一个物质的现世世界当中，更使我们有一个超越单纯眼前看到世界的眼光和能力。

文科学者的工作，也能够使我们超脱于单纯的“小我”，而达到“大我”的境界。冯友兰先生曾讲过一个“天地境界”：“大我”大到包含天地，那就无物可伤，无所可失，“天不能藏，地不能埋”，听起来有些神秘，它本来就不是人人想有就能有的境界。

文科学者的工作，能够使我们超越生存的那些生活要素，能够赋予许多东西以价值重量，增加生活的丰富性。增加生活的丰富性，实际上就是在丰富人性，丰富我们的生活。

当代的情况是，现世主义的无聊与空乏，使得许多人的生活无法逃出肉体的限制，在穷奢极欲之后仍然是无聊；极端自私的小我意识，使得人们对周围世界缺乏温暖与同情，在一片冷漠的环境中生活，生与死都无所谓；缺乏足够的价值依托，使得遭受压迫和遭遇困难的人们，缺乏足够的观念资源来支撑自己。文科学者能做些什么呢？就要面临这样的现实，先帮助自己再帮助他人。

当然，人能帮助自己，保持自己生活意义的充盈，一直觉得活得有劲儿，本身就是一件不容易的事。

（2014年2月5日）

多元的单一价值时代

1978年以来，中国人逐渐告别了教条主义；1992年邓小平南方谈话，什么话都讲透了，更是给社会带来了一种观念的彻底解放，此后掀起了下海浪潮、市场热潮，有力地冲击了长期的权力崇拜体制。

1992年至今，也已经有20多年了。我发现，现在似乎是一个价值多元的时代，人们没有什么意识形态和教条了，思想观念无比自由了，传统本来也无足轻重，基本上接近一个价值虚无的状态。没有垄断性和压制性的价值的压迫，人的观念空前解放，容易接受多元价值，容易创造更广阔的自由。

不过，当下什么都可以，什么都行，什么都无所谓，什么都随便的表象背后，仍然体现出一个单一的价值，“你必须成功！”我把这种现象看作“多元的单一价值”。

要么是多元，要么是单一，“多元单一”是什么意思？

其一，一切都是手段，一切都没有意义。什么都重要，什么都想要，但什么也都没有意思。这是把一切价值都取消之后，表面上追求着什么，但任何东西都是手段，最后的目的仅仅是虚无。这是意识形态崩溃与传统解体之后的国家容易出现的现象。

试观察，走官路的，不断地升、升、升，目的是……？走商路的，不停地发、发、发，目的是……？当只有赤裸裸的目的之后，意义虚无之后，“元”是越来越多了，价值本身却没有了。得到什么都已经不再有意义，但人总得干些什么，就习惯地以与他人相比较而找到些感觉，自我欺骗罢了。一切事业都仅仅是成功的手段，而成功是什么，在当代中国创造价值还没有能被摆那么高，而是掌握——权力与财富。大富之人，大贵之人，就是成功之人。

其二，我的价值是对的，其他人的都是错的。其他人，傻。还信那个？这是坚持独断论，不过人人有权力行使独断权了。

试观察，各说各话，自以为是，没有办法沟通，也没有学习的虚心。成功人士垄断了成功的道路之后，其他的人否定他的成功，干脆拒绝承认。

不过，还有其三，跨界的成功。孙立平教授敏锐地指出中国社会中存在一个“不落空”群体。他们什么好处都能拿到，什么行时他们在干什么，因而他们得到了一切，所谓“改革开放的成果要全民共享”的话，也许就是在隐晦地指出：改革开放的成果被“不落空”的成功集团独自吞了。这些人，官大、钱多、学问大，真善美集于一身。不落空集团并不孤单，钱理群教授指出，新一代精英中“精致的利己主义者”已经呼啦啦登场。虽然同样是跨界，但是更为精致，更让人无可挑剔。学历，没有问题；成绩，没有问题；政绩，也没有问题；规则，也按你的来。优秀，人家的表现就是优秀。那你还有什么可说的。

有什么问题吗？

只追求成功而不创造价值、不追求意义的人与时代，为了成功愿意牺牲价值、牺牲意义的时代，为了成功可以牺牲他人的时代，GDP时代，梦想财富的时代，科技精英时代，人才时代，发展时代。

事情是越来越多了，成绩也越来越明显了，似乎多元了。但也更单一了，人们的梦想，好像都一样；人们的追求好像也一样；无论做什么事情，目的也越来越一样；太单一了。现代社会本来如此？

要把各自的价值归给各自领域。我们只赞美科学家追求真理，只颂扬法官的公正，只歌唱艺术家创造的美。权力和财富，虽然好，不会有人歌颂。虽然有人以它为业，但不会人人必须追求。生活可以没有成功，生活也可以远离权力和财富。学术？那是思想的创造，它好像和权力与财富没有太大关系。

要能够相互理解和尊重。你的事业我不懂，但我尊重你。你忙的事情我永远不理解，但我尊重你。因为我们在无形中相互支援，相互服务。能做到吗？

各自忙碌的人们，生活似乎多元；人们之所以忙碌，却日益单一。过去也如此吗？纪晓岚对下江南的乾隆皇帝说，江上虽有千条船，臣眼中只见两条船：一条名船，一条利船。嗯，那时权力还不许普通人追求呢。

（2014年1月21日）

学术性阅读的“三步法”

读书有法，不过并无定法，学术性阅读好像有一定的规律，各人有各人的办法。许章润教授曾对经典阅读有系统的论述，昨天和研究生同学谈话，觉得我自己作为一个专职的学院中人，读学术书的一些体会也可以讲一下，对后来人或许有所启发。

早年印象中，徐特立先生有一句话“不动笔墨不看书”，我觉得不理解。后来自己读书时间长了，慢慢就理解了。为什么要动笔墨？书少靠记忆，书多就得靠记录了。上小学时，一个学期下来，有的同学能把书逐页用得破了、掉了页，其状非常狼狈。我比较得意的是，新书一发下来，包上书皮保护书页，学期末了，基本还很新。后来工作之后自己买来的书十分爱惜，读过之后还同新的一样。不过书多了之后，问题就来了，读过的书，事实上慢慢地就记不得了。在书上划些线条，是突出重点、帮助记忆的好办法。为什么过去的学者要抄卡片？据黑格尔传记的作者说，黑格尔的卡片整理得非常好，用起来也非常方便。电脑时代，不用那么艰苦的体力劳动了，但这些学术工作的程序似乎也被人遗忘了。

我自己的体会是，学术性阅读最好完成三个步骤，可称“三步法”。

第一步，通读全书，并对书中重点文字下画些线条，进而再写些自己的眉批。重点不重点，因人因时而异，梅因《古代法》人人引用的“从身份到契约”、博登海默人人引用的“正义有一张普罗透斯之脸”，多属表面式引用。眉批重要，因为它能够把你阅读时对书的灵动的想法，及时地记录下来。读陈寅恪传了解到，他老人家是非常喜欢做眉批的。不过，这要是自己的书才好。

到这个阶段，你就会觉得，新书如同没有开垦的土地，读过且有好几遍画线和眉批的书，如同相识多年的朋友。给你一本新书换你的旧书，你会吃亏很大。因为，你的那些想法、那些时间、心情，那些比较初步的工作成果，都在书中。

第二步，做笔记或摘要。读一本书，把它的重要话语及时摘录，形成文字。最好同时以简要的文字标明它的意义，方便以后查找。同时也好归类。这步工作，是纯粹的劳作，很累，我以前做的时候，打字慢，有的打错了，后来再找原书校对。不过，这样做过一次的好处是，有了永久性的学术工作的基础，它好像过去学术的卡片，但比卡片更容易检索；也不占地方。电脑里就可以放得下。而且也好复习。据说钱钟书先生，家无多少藏书，主要就是常复习笔记，把各类知识在头脑中终于融会贯通，蔚然成为大家。我觉得，差不多如此。

第三步，写阅读报告或读书报告。读书之后，划了重点，也抄了重点，最好再能够用自己的话来叙述一下，写阅读报告或读书报告，就是最好的形式。我在读博士时，经典著作课程就这样逼自己每次一定写一篇报告出来，提交给老师。这样一逼，任务明确，同时压力也大。不过效果非常好，我对一些名著的理解就是那样建立起来的。也有失手的时候，读德沃金的《认真对待权利》一文，已经写了一半，夏天天气非常炎热，电脑坏了，第二天就没有成稿。至今我对此书的感觉仍然有些陌生。无论是什么书，也无论你读到了什么程度，你自己写一篇文章，形成自己对它的认识，它就从外部的书页成为你内在的思想，这是非常重要的一步。

因为读比抄容易，快；抄也比写容易，快；人多是普遍有贪多求快的心的，我大约读得多些，抄得少些，写得更少些。当然，并不是所有的书都那么重要，需要花那么大的心思。不过，从收获来说，“读”开阔了眼界，但“抄”加强了印象，而“写”深化了自己的认识，并促进了自己的思考。

大约在博士论文写作完之后，我基本上体会到读学术书有此三个步骤或阶段。年轻时候，要尽可能找许多好书来读，读了后做些摘要，特别好的书要重点消化，这就要写读书报告。

我在课堂上对研究生同学的阅读建议，就是按这“三步法”来读书。当然，学术书阅读起来慢，也累，可以拿其他的消遣式的书换下脑子。但你做了多少工作，你就有多少的学术基础，也就有多大的视野，这对后来的影响是比较大的。历史学家严耕望说，读书，要打好基础，宁可慢些，但其效长久。我觉得这是正确的读书态度。

（2013年12月27日）

富学科与穷学科

学科发展是不平衡的，有的学科在某一时期会发展迅速，从而成为影响和带动其他学科的强势学科，有的学科则缺乏这样的贡献，只是被动地接受其他学科的影响。

可以把具有强势影响、对整个知识体系发展有重大贡献的学科，称为富学科。而没有能力影响其他学科，并且可能要从其他学科借用概念范畴来建构自己学科体系的那类学科，就是穷学科。这个不从经济角度来评价。有的学科经费很多，但在我心目中视其为一种伪学科，我就不说是什么学科了。

比如，文艺复兴时期，人文学科成为富学科，一切学科都受到它的影响，都必须在人文化之后重新进入知识体系；但从产业革命之后，科学和技术始终成为一个影响力强大的富学科，彻底地改变了人类的知识体系和世界观，自然科学长期以来是一个富学科，理工科教授的傲慢是有本钱的。

各个学科都在努力发展，为什么有的学科富了，有的学科穷了，有的学科还会消失，比如曾经也红极一时的博物学——达尔文就是以博物学家的身份进入科学界的，现在它消失了。有的学科无法转型，就被迫进入了潜学科、非学科领域，比如相面、测字、风水之类，无法转型进入新型的知识体系并在其中找到合适位置，这就没有办法了。而有的学科，如演戏、唱歌之类，居然也成了学科，这个就是时势带来的必然变化。

具体分析各学科，事实上还可以在富学科中区分出具有增长性和影响力的次级学科和理论学说。法理学在改革开放之后长期处于一个富学科的地位，在法理学中权利本位研究也长期居于强势地位。现在的形势则正在向多元化发展，还不确定下一阶段是什么情况。

但总体上，与其他各学科相比，法学学科在中国还是个穷学科，它对其他学科的影响力要小得多，人家没有你也活得很好，而你要发展可能不得不向人家学习。

由于穷学科的本钱少，所以专业壁垒相对较低，可能经常会受到其他学科外行的入侵，有时是有意的，有时可能是无意的。人家就以外行的身份，来谈你的专业问题，结果还未必比你谈得差。这给穷学科中的专业人员造成了极大的耻辱与不满。不过，推而广之，中国的领导们在谈论文科的事情时，那种自信有多少是人家无知者无畏，又有多少是咱们不努力造成的呢？

从我的感觉来看，哲学曾经是个母体学科，一切的知识来源于它，但它现在更多地靠旧本钱过日子了。它的本钱多，这样也可以。文学是个丰富的学科，不过，现在的人不大关心这类事，愿意更表面、更刺激、更粗线条地生活，文学的细腻、温情、修养，这些东西太费力气，它就一直处于被边缘化的历程中；历史是人类所有财富的仓库，不过，由于现代人更愿意向前看，更愿意想明天的事未来的事，过去的事就被忽略了。经济学是个说不清的学科，到底有多大程度是经济学家们的努力造成的，还是人们经济活动的热量摩擦出那么多的知识和关注来，管它有用没用，反正它是个应时的学科。

法学，在中国还是个正在塑造中的学科，它会是什么样，我估计应该还有变化的可能。是理论学科还是部门法学科会作出贡献，现在看来，还不好说。不过，无论什么学科，它的贡献都可能是在理论方面，而主要不在实践方面。原因同经济学类似，学科不是因为知识人努力而兴盛，而是因为遇到了兴盛时机而发达起来。现在它的运气应当才刚刚来临吧。

（2013年11月6日）

中国智库建设的几个问题

几年前头回出国，闲思较多，对每当领导换届就换想法与提法的现象甚感忧虑，我曾经建议开展国家五十年发展战略研究。现在，智库建设热火朝天，大有把所有大学都裹挟进来的趋势，因为经费要以此标准来给，不参与不行啊。面对如此强大现实，也提几点想法，主要是防止负面的效果，或许对智库建设不无益处。因为是漫谈，我尽量轻松些讲。

我觉得，中国智库建设要防止以下几种不好的局面，我将其称为“××效应”。

一、天花板效应

中国智库最大的坏的前景可能是，形成一个天花板效应。

领导的认识就是天花板，智库所提供的各种成果，无论从动机还是从环境上来看，都可能会陷入这个僵局。

课题只能做领导圈定的，结论要根据领导喜欢的，这智库的智商就以领导的智商为上限了，这样，无论你怎么做，都会触到智库的天花板而不再向上。

你比领导高明了不好，“你是不是知道得太多了？”“领导没有你高明嘛。”当然，聪明人会诱导领导，让他觉得似乎是自己得出了聪明结论，这太费劲啊。

在领导过于集权也过于自信的格局之下，不少领导武大郎开店，喜欢用奴才，当然值得批评。不过，领导即使有胸怀，囿于此种格局，天花板效应仍然难以克服，大家会自觉地让领导显得最有水平，避免“智高震主”。

二、框子效应

智库的说和想，应当能打开视野，提供新知，即使未必能马上执行，但应当能够提供当局者迷的那种旁观者清。

不过，由于与权力部门距离过近，智库的研究者往往可能自觉而主动地放弃了独立的、中立的立场，十分愿意以官方或委托方喜欢的方式发言与讲话，涉及的问题也尽量以“建设性”的方式来谈。

所谓“建设性”，其实就是表扬与不刺激，也就是避免锋芒。前卫思想必然有锋芒，鲜明立场必然有冲突，但由于要考虑“接受”的效果，其实也就是领导的“雅量”，领导如果有雅量，马屁还能干什么？而掌握权力的领导一般是被权力宠坏了的极无雅量且极度自信的人啊。他听完你的建设性意见，心里鄙夷地说：去，这臭水平，还不如我！哈哈。

除了“建设性”言说方式之外，我想其他的说话戒律，大家同样熟悉。例如“成绩是主要的，问题是个别的”，“问题虽然存在，但这是发展中的问题”，“虽然问题很大，但我们用几十年走过了西方几百年”等等，最后还有“中国特色”和“国情”等万金油式托词。

于是，以“建设性”姿态出现的智库成果，可以想象会不会是这样的局面：该说的说，不该说的不说，不到时间不说，不到火候不说，别人能说我不能说，等等，如此而已。如果这样，大受欢迎的那些智库成果，基本上也是没有什么用处的成果。

经过中国特色政治正确性包装的智库成果，也就被无所不在的温柔型话语棉花包裹得严严实实，经过自我检查与自觉筛选之后的动人表达，也就能够顺利通过委托方的验收，大家皆大欢喜：智库有了成果，有了经费；委托方有了推进智库的成绩，也得到了适当的表扬与合理的建设性批评，下一阶段的努力也有了方向。

在被这些条条框框规范之下的智库人士，也就与当局者一样地入迷和迷人了。入迷，是因为缺失了独立与中立的立场与态度，局外人与局中人一样入局；迷人，是这种成果最受欢迎啊，研究开始之前就猜到了研究的结果，那研不研究有什么区别呢？

三、刘姥姥效应

如果光批评权力机关，不自我反省一下智库自身，是不符合三省吾身古训的。

一般社会中都有三种精英：掌握权力的政治精英，运作资本的商业精英，经营文化的知识精英（暂时不对知识和文化进行区别）。从对这个世界的了解来看，政治精英与商业精英有机会有资源深入了解，知识精英，除了少数人，大多数人既无机会也无资源进行更多了解。

当然，既能掌权、又能经商，还能治学的三栖或两栖牛人，不在此列。我只说通例。

2015年夏天我才有机会到希腊罗马一游，浏览之后顿感古人所说“读万卷书，行万里路”多么重要，回来重读经史诸书，多有新感受。以前不是不想游，没有这种可能啊。连家乡都没有好好游过，唉，说来我是山西人，晋中的大院我就没有去过。有时间时没有钱，有钱的时候好像还是没有足够的钱。

让知识精英对他们不甚了解的政治、经济等国家大事甚至世界大势发言，首要的一条是要有阅历有眼光。今日知识界不能超越民国学术大佬，一个基本的原因在于，普遍没有在国外广泛的游历，眼光太狭隘，虽然说的读的讲的都很高大上，但自己其实见识太少。

或曰，你自己是这样，不要这样想像别人。有相当多的人还是大观园那里成长起来的。嘿嘿。受教。

建设国家智库，同时对国家智库的成果不满意，其实也不用这样，你长期投入不够啊。老一代的以前吃不饱，没钱买书，新一代的有钱买书，没钱买房啊。你让他考虑世界大事，国家大事，他成天忧虑的是个人小事。你让他提些宏大设想，他就是个进了大观园的刘姥姥，眼皮子太浅，离提得起来还有好长一段时间的距离。

哪一种修养，不花钱能堆出来？一种见识，没有阅历能产生？他就是因为不忙，才有个闲时间，糊弄糊弄，你还嫌不满意？

四、独木桥效应

一说搞智库，好像就只能国家掏钱，好像成果就只是为权力服务，这个眼光有问题。但目前看来，条条智库都在努力通向权力、通向中南海。我觉得这就是独木桥效应。

我觉得，马云的公司成立个智库，华为公司成立个智库，服务于公司的发展，也是可以鼓励的。如果它们还愿意为国家的五十年战略服务，那更好啊。像中国的国有大银行有个金融的智库，养一批有水平的金融能士，应该花不了多少钱。总之，各行各业，其实都应当建设像样的智库，即使不建智库的也需要相应的智库成果。美国的智库投入方比较多元，出发点也比较多样，我们不应当搞成好像只有权力机关需要智库，才有资格搞智库，才有权力接受知识服务。

资中筠先生认为，知识分子应该当全国人民的智囊。这个意思很好。所谓进步，其实就是人人不断学习、行行不断提升的过程。国家的发展，只有权力起大作用，只有权力才有资格推动，智库也为权力服务，这个就对国家非常不利。如果权力垄断智库服务，垄断智库机构的设立权，这个就不好了。如果只有权力值得追求，这个就更不好了。当人人都向权力仰望时，人生成功只有一个标准，社会走上一条独木桥，这个社会的其他方面就受到严重的摧残与破坏，不应该这样。真的那样的话，那个智库建设模式的前景就实在堪忧。

也许还有其他效应，只是今时今日，似乎非所宜言，就此打住。

（2016年2月26日）

世相观察

安全感、效能感、幸福感

现代社会有三个感受突出起来，分别是：安全感、效能感和幸福感。

所有的人，尤其是普通的民众，需要获得安全感。安全感，来自于自己对自己生活前途的一种信心，虽然它主要是一种感觉，但是，政府和社会所提供的各种福利制度和救助制度，对于保障每个人的安全感是有重要意义的。这应当是任何社会和时代，尤其是公共权力机关，应当为所有人提供的一种公共产品。当代中国，似乎任何人都缺乏安全感，普通人以微薄的收入来对抗汹涌的物价，能够觉得安全感不那么稳当，但富人和权贵似乎也缺乏安全感，不少人把子女安排在境外，为自己留条后路，似乎也透露出安全感对所有人都是一个问题。

效能感是人对自己工作和生活中一种游刃有余或井井有条的秩序感和有力感，觉得自己可以充分地以自己的能力来处理生活中的大部分事情。一个大多数人有效能感的社会，是一个高效率的社会，也是一个发展迅速的社会。中国社会的发展速度非常快，工作中的压力和责任也空前增长，而且还在不断变动之中，要保持效能感，职业人士必须不断学习以保持对现实和职业的一种追踪感和同步感。虽然它是个感觉，但领导们对工作压力的适当控制，不要长期让优秀员工超负荷工作，后勤、工会或党务系统组织若干联谊或娱乐性、休闲性的活动，人事部门提供相关的培训课程使人暂时获得从工作中的休整，都是保持效能感的必要条件。

幸福感是人对自己生活的一种享受和悦纳的感觉。自己的日子好不好，只有自己知道。同样的生活，过去还觉得好，今天忽然觉得很差，而客观状况似乎并无多大改变，改变了的是自己的心境。要保持生活的幸福感，主要依靠一种人生态度。商业化时代的幸福感容易表面化，通过比较，以他人的不幸来映现出我的幸福，然而，这可能只是一种幸运，还不好说是一种福分。幸福感显然应当建立在安全感和效能感的基础上，没有安全，没有幸福，缺乏效能，对周围没有贡献，则也很难觉得幸福。

让普通民众都享受安全感，是政府和社会组织及各个单位领导应当考虑的事。改革与利益调整，不要牺牲人的安全感。这是你必须提供的。让工作人员保持一种效能感，有劳动的快乐，也有对劳动的尊敬和合理报酬，也有对自己职业前途的一种乐观期待和自我把握，就可能保持一种动态的效能感。显然，近十年来的政策明显有惩罚劳动、制裁创造的倾向，应当迅速有力地得到纠正。幸福感实际是对自己生活的一种主观解释，自己对自己人生意义的赋予能力。活得好不好，有意义最重要。意义就是普通人的“奔头”，没有奔头了，活着也就没有劲了。生活的意义，永远由自己掌握和解释，这个主流的社会观念和思想意识对此有重要影响，提倡积极的、向上的、乐观的价值观念，对此是有所帮助的。

能够建立起安全感的人，才能保持正常的心理和生活状态；能够保持效能感的人，不但能正常地生活，还能够参与社会的发展和创造性工作，对周围是一个积极的互动因素；能够保持幸福感的人，对他人和社会有积极的影响。普通民众有安全感，在岗人员有效能感，社会气氛充溢着幸福感，应当是一个理想的社会了。

（2012年5月9日）

被动与主动

回单位上班之后，这几天算是有了些时间，然后干什么好呢？居然是：不知道。

按我一直的兴趣，肯定是手不释卷，或者写些东西。但是，这几天的状态，居然是无动于衷！什么也不想干了。怎么回事呢？

明白了。上班之后，基本上是事情不断，而且都是急得不得了的事，一件件地催着，好像比机关干部还要忙。事实上好像也如此，机关毕竟是专门办事，而且可以把应该自己办的事推给“下面”的人办，然后自己省些精力。已经过了两个月，这两个月事情虽然未必比以往多，不过，确实也没少折腾。这两个月，一直处在被动状态之中。其实何止是这两个月，这几年好像也都在被动状态之中。

其实也不只是我，多数人都在被动之中。

主动的有两类：一类是功利主义者，把一切行动当成机会，就变被动为主动了；一类是隐者型的，反正你有你的办法，我有我的办法，根本不合作，只管自己。

大学整体上不能有更好表现，就是因为现在他始终处于被动状态，有的大学不甘心想搞大学章程，这好比，唐僧对白骨精拿出了“我的身体属于我自己”的宣言，白骨精会怕那个东西，那个东西能管用吗？行政部门掌握经费和资源，然后设立项目，问大家要不要，要的就填表，于是，大家积极填表；填了表不是都有好处，但不填表永远没有好处。考核啊、奖励啊，一项项的管理办法配合着各种好处，在钓大家，愿者上钩嘛。

功利主义者是能够努力和管理部门分肥来的，有钱大家赚，有便宜不沾王八蛋。隐者型的是我就是永远不上钩。大多数人是两者之间。分肥需要进行职业和专业之外的努力，不大愿意，或者也缺乏特定能力吧；当隐者边缘化，似乎又不甘心。

长期的被动性工作，围绕着人家的考核体系，跟着人家转。大学也就废了，教授也就既不能教，也不愿授了，形成了一片有名有利有声有色的江湖。

希望能寄托给年轻人吗？年轻人，更急，仅仅就业和住房两件事，就可以让他们成天操心、整年操心、一辈子操心了。孟子说过：君子有终身之忧，无一朝之患。现实是，大家有终身之患（患得患失），无一朝之忧（人生志向）。

人事部门设置的人才工程，名单上各级各类的人才数据是每天都在增长，虽然人的生存状态是每天向下沉沦，哪有人才？都在机关设置的功利迷宫中转圈圈呢。

现实中你必须是被动的，你不可能主动；能不能有一些主动呢？突然有一个不好的联想，就不说了。

（2012年5月4日）

说话与做事

奥斯汀有一名篇《如何以言行事》。这半年在美国法学院图书馆，经常看着陈陈相因的法律专业文献，想起国内法律专业图书文献资料之贫乏，不由得心生比较之意。于是有了今天这个题目：说话与做事。

大哲学家黑格尔有句名言：密涅瓦的猫头鹰在黄昏到来时才起飞。他是说，理论总在事实之后。

到底是先有鸡还是先有蛋，理论与事实的关系可能也难免这种循环。不过，比较中美两国的法学文献，似乎可以看到有一种有趣的说话与做事之间的关系。

虽然美国是判例法传统，但那么多的法律文献是否真的都有必要继续保持，其实是大有问题的。当然，论证判例法之优越（同时也是对自身历史存在本身的正当性论证）的文献已经太多，我无意反驳。不过，美国法律界的重述工作也说明判例法传统必须要向民法传统学习，才能够维系此种传统本身。不但是美国这种大国，连中南美的许多小国，其法律文献数量之丰富，也足以让人目瞪口呆。有些文献的历史连续性实在惊人，不由得对中国是否有五千年文明保持深刻怀疑。因在中国大陆，眼光所及，基本上是近三十年的事物，五十年以上的事物几乎难以看到。但我有一天，随便在书架上抽书，基本上都是我出生之前出版的书，有的是18世纪的书。真是奇哉怪也，干脆不读了。

中国法学院也在建设自己的法律图书馆，不过，专门的法律文献其实数量相当有限。中国全部法律放在一起占不了多少空间。政府部门的和地方的法规规章可能也不太好收集，也可能它们本身的生命太过短暂，不久就会成为废物，图书馆的收藏也不太尽心。比之美国大学法学院图书馆对材料的收罗与整理，我们是太草率了。

现象是如此，如何学习人家长处是另一个题目和未来的工作，在此不说。想说的是我的一个感受。明显地，反映中国的文献与中国本身非常不成比例。而美国本身的法律文献则大大地超过了它实际的存在。中国社会面貌在近三十年来发生的巨变，中国社会在世界中的巨大体量，中国人充满活力的生活工作态度与积极的改变自身的热情与努力，未得到充分话语表达与传播的伟大的中国梦（类似美国梦），仅仅发生在事实上，而还没有体现在话语上、文献上，从而也没有进入世界他者的视野与触觉的界域。简言之，中国是事多而言少。

相比之下，美国占据的话语地位，使得美国的事情得到了更多的传播。我不是说美国事实少，而是说美国事实多，但话语更多，文献更多。

从这个意义上来说，中国的话语、中国的理论、中国的文献，应当得到更多的产出与传播。

所谓软实力，其实是让人知道你有实力而已。知道你有实力了，你就得到了与你的现实存在相称的认知。但是，如黑格尔所言，密涅瓦的猫头鹰要在黄昏到来时才起飞。理论是灰色的，而生活之树常青。关于中国的理论、论述、文献，已经落后于中国对世界的影响和中国自身目前的存在，不过，现在开始，也正是其时。

（2012年2月15）

为承担全球责任做准备

我们少年时代，被教育要准备为解放全人类而奋斗。改革开放之后，国门一开，发现人家都过得很好，而且比我们还要好，觉得这真是一种讽刺、一种搞笑。这种巨大的心理失落，估计一下子把中国人的理想主义给打掉了，甚至也把国家理想和国家信念给打掉了。

不过，改革开放三十年后，中国的国力确实无可置疑地迅速上升，突然地成为世界任何力量无法忽视、而且必须重视的客观存在。发展是硬道理，你发展了，你的道理也就“硬”起来了。两个月前吧，参加由佛罗里达国际大学法学院主办的关于全球危机治理的国际会议，吃饭时，一对老年夫妇，听说我是中国来的，非常谦虚甚至有些不好意思地说：“你们干得比我们好。”会议中间的发言也不时地提到中国，虽然有的是持警惕态度的，但是，中国无所不在的影响，看来美国人是摆脱不掉了，地球人也摆脱不掉了。

邓小平路线，已经在三十年之后取得了巨大成功。中国已经完全回归国际舞台，重新成为世界主要力量之一了。

不过，由于这三十年我们是非常谦虚、非常低调，甚至非常自卑，以一种过度虚心的态度向世界上一切优秀经验和做法学习，有的虽然没法做到，但还是给实际的工作有巨大的影响。当中国在经济上取得巨大成功之后，世界事实上已经在采取新的眼光看待中国，世界对中国的期待和中国对自己的期待，存在着两种巨大的反差。

反差之一：中国对世界局势的现实影响力与中国对世界话语的影响力，极不相称。

中国自1949年之后因基本属于苏联体系，在西方的话语体系中，中国人的形象与国家地位是比较负面的。由此导致中国人的贡献，被西方世界有意无意地过滤了。但是，中国的影响力上升一旦过了某个临界点，就必须承认这种影响力。这是西方世界目前调整政策时存在的一个必然困难：既不愿意承认中国的成就和贡献，又想要中国对世界秩序买单；既不给予中国以充分的话语权，又想让中国对不少事务承担责任。因为，西方人的世界观其实在中国逐步崛起之后，就在不断地解体之中。要调整自己对世界的认知（主要是得承认自己不行了，是二等国家了），还要和不喜欢的中国人打交道（这种不喜欢多半是建构起来的）。既要保持自己的话语体系和话语强权，同时又要求中国承担责任，其实是非常矛盾的。

反差之二：中国的自我估计和外部对中国力量的评估，反差明显。

北京奥运会可能是体现中国力量的自我评价与外界评价巨大反差最典型的例子。中国仍然以一种传统的待客之道加现代的崇洋心理来讨好洋大人（贵客）和洋小人（普客），全力做到最好，生怕人家见笑；然而，没有想到，在中国奥运的强大实力面前，世界各国其实都傻了。没有任何一个国家能够办出这么好的奥运会。

事后有评论对自己提出了严格要求，认为，人家有的国家也不会为奥运会投入这样大的力量。似乎是非不能也，实不为也。事实上，假如有些“强国”也想努力来办，假设他真也高投入地办，其实也不可能超过中国奥运会。

奥运已经有好几年了，但我们仍然愿意保持一种谦虚的小学生心态，向西方学习，自己的任何成绩都是值得检讨的，洋大人的话仍然是有道理的。我们周围的人还对老外有一种习惯性的讨好与友好姿势，愿意平白无故地为人家买单、送礼；当我逐渐习惯了在美国没有免费午餐的规则，当我在有些大学看到人家陈列的中国访问团送的那么多精致礼品之后，真是有不少感慨。凭什么咱们就要讨好人家，给人家好感觉呢，而且找上门去让人家得好处和感觉良好呢？这主要是长期以来（也只有三十多年）的不自信、没有信心。我们实在是还不习惯客观地、积极地评价自己的工作成绩，还在准备继续向更高的标准努力。然而，这已经让世界吃不消了。

看来，虽然中国仍然应当继续“发展是硬道理”的发展战略，不过，中国目前所处的地位和所具备的实力，已经开始使得其他国家开始对中国充满期待，有些事情中国再像过去那样不出头和不吭气，好像也有些不负责任了。中国需要提早考虑如何承担起全球责任的事情了。

我想，需要从以下几个方面来做好准备：

第一，行动之前先要“了解和知道世界”。

“Know”是建立在“Knowledge”的基础上的，应该加强国内大学和专门研究机构对主要国家和地区的研究与交流，对主要国家和国际组织的具体情况和发展前景要准确了解，有必要扩充相关的研究队伍，增加相关的经费和人员。和美国大学的图书馆相比，中国大学（尤其是重点大学）对国际社会和主要国家的国情的了解，明显要逊色许多。美国是长期习惯这样做了，我国要在“十二五”期间对重点大学的国际研究进行相应的分工和规范，提高投入与待遇，但同时要提高要求与增加研究任务，以支持国家相关部门对国际局势和相关国家形势的研判，为决策提供有力保障。

第二，加强驻外机构工作。

加强中国的外交工作，加强对世界各地形势的了解、认识与判断，有必要扩充中国驻外的使领馆队伍，馆区分布要广覆盖，加强对世界各国经济、政治、文化、宗教各个方面的了解；加强对中国全球商人的服务工作，商人有时可能比政府的了解还要深入和透彻。外交与国际贸易，是最普遍地增强国家对全球感知触角和洞察力的方便渠道，但我国目前仍然有较大的提升空间。增强外交场馆、提高外派人员的素质、加强对外交工作的规范管理；当年张闻天管外交时为国际问题研究奠定了一定的基础，是相当值得称赞的，今天条件好了，业绩应当更上层楼。商会、留学生会等民间组织要大力扶持其发展，必要时提供相应的帮助。这些基础性的工作，对中国对国际事务的判断力和行动力都是有相当积极的作用的。

第三，有步骤地协调周边国家的发展。

中国有力量了，不过中国的力量毕竟有限，同时刚开始使用时，还不习惯。所以一要用好地方，二要逐步适应和学习如何使用自己的力量。主要应当加强对东北亚、东南亚地区的安邻外交和经济一体化、经济共同繁荣，太远的地方保持适度的力量。大国周边要注意不引起反对，协调与大国的关系。

鉴于中国崛起已经成为事实，尤其注意协调好国内的民族主义、和我国有历史矛盾的国家、未来国家关系发展有隐患的国家之间的关系。增强和扩大传统汉语圈的传统友谊与未来文化的交流与发展，安排国际相关边境地区更密切的经济、文化与人员交流。

第四，加强中国对有关国际组织和大国关系的影响力与话语权。

除上海合作组织之外，要注意形成若干由中国主导的国际组织，能够在国际上形成一定的利益同盟；东北亚和东南亚地区的无核化组织、经济一体化组织、文化联盟等，都是可以进行的项目，孔子学院之类也主要在周边传统汉语文化圈推进。力量集中与适度，注意效率与节约，兼顾互利与互信；但这都需要有人，具体的人来做具体的事。

大国关系方面，核心利益要寸步不让，增强共同利益面、利益重合面的多方面形成，斗争艺术要不断提高；但要保持和各大国的互信与协调，避免发展敌对情绪。

鉴于中国的强大，日益需要公众参与，需要国内保持稳定的局势、高度的向心力与团结，在国内的政治意识形态上要加强相应的调整工作。凡干部集团将言行不一的不要再多讲；只讲可做的；凡对民众宣传无效果的话也尽量减少；凡在国际交往中无可沟通性的话也尽量减少；务实、有效、可持续，是值得积极评价的宣传方式；但执政集团自身，仍然要注意提炼和总结自身所追求的价值目标与道义目标，并加强对执政集团的教育与培训工作。

内部稳定与团结，对外了解和知晓，始可以言承担国际责任和全球责任。中国作为一个一直向内用力、拼命逼自己的国家，也要在新形势下开始学习如何进入世界（自己的人也要逐步习惯到世界各地）、了解世界、关心世界，从而努力建设一个符合自己观念（至少不太让自己别扭）的世界。现在的形势是，树欲静而风不止，中国想自己继续发展，问题是我们发展的后果已经溢出到全球，全球都关注你了。所以，闷声发大财的时代就过去了，就要结合新时代，做参与性与建设性的发展规范了。在别人开始提出要求时，中国自己先把形势搞清楚是非常有必要的。

（2012年1月8日）

30年文化强人

2012年，是许多值得纪念的年份，其中最大的当属是1912年中华民国建立，是现代中国民主共和体制一百周年，不过，由于这个情况复杂，就不说了。当然，也是1982年宪法制定三十周年，应当也有不少讨论，这里就不说了。现在听着邓丽君的歌，看着维基百科，突然感到，邓公开放之后，这三十年其实有一些人物是非常重要的人物，今天干脆列一个改革开放三十年文化强人的榜单，这个只是个人印象，各人可根据自己的印象来补充。

1.金庸。凡有中国人处，就有金庸。金庸作品的读者群可能是其余任何作家不能相比的。其影响力不只属于中国，可能凡有华人处就有金庸，凡有中华文化处就会有金庸。一介凡人，有此奇迹，绝对的第一强人。

2.邓丽君。邓丽君的歌，不仅给中国大陆输入了真实情感，复活了中国人心中被政治运动所僵化与压抑极久的那种对于美好事物的敏锐感觉。文明，其实是人心柔软的过程，是心灵和情感细腻化、温情化的训练与锻炼，音乐入人心，润物细无声，其影响可能人们不会觉得，但绝对是告别粗暴革命的一剂良药。今日再听，仍不厌烦，确实具有永恒魅力。

3.李泽厚。李氏在20世纪80年代的风头，可能绝对超过许多拥有强大权力的政治人物，而且其影响跨越学科，也仍然对后来的学术发展有一定的辐射力。今日学界成绩虽然仍然难尽如人意，但牛人在在多有，一人有号令学界的威力，此事绝不可能再重新出现了。

4.袁伟民、郎平（中国女排群体）。中国女排在世界比赛夺冠之后，我当年参加初中集体的广播操比赛，所喊口号即是：学习女排、立志成才。女排胜利不只是体育比赛的胜利，是中国人开始进入世界的一个前哨战，尤其是后来还曾组织了世界明星联队与中国女排比赛，她们仍然不可战胜，创造了一个神话。中国女排给中国人奋发追赶世界先进的精神力量，仍然是非常珍贵，值得永远怀念的。

5.赵本山。老赵以一布衣农民，最后发展成为当今中国第一大腕，国家电视台的台柱，全国十三亿人民除夕夜的最不可或缺的大餐，如果用粉丝数量来计，应当是当今世界第一牛人、第一价值明星。其他原因也就不说了。

6.江艺平（《南方周末》编辑与作者群体）。《南方周末》近年来表现其实比较弱了。但是20世纪90年代的《南方周末》，则绝对是国内第一大报。以一家地方党报的周末版，本来是搞个小情调，写写风月啊，小感想、花边新闻啊之类，没有想到，在江艺平等《南方周末》一班人的手中，成为引领中国思想解放的思想和舆论先锋。今天虽然不那么先锋了，当然，排除其他因素，网络时代的到来也使它可能也难像之前那么辉煌，但对推进中国一个时代进步的伟大文化群体，绝对值得纪念。

7.马化腾及QQ公司。没有QQ的时代是不可想象的，它对中国网络社会的贡献都不小。客观上，应该对中国经济的贡献也有相当重要的影响，它提高了大家的工作效率，密切了大家的联系，已经与大家的生活密不可分。这就把之前搞门户网站的人们的名额给挤掉了。

本来想列10个，凑个整数。不过，列到此处，觉得不好往下列了。有金庸，古龙、梁羽生算不算；有邓丽君，其他的牛人算不算，罗大佑、谭咏麟、刘欢和快乐女声呢？有女排，聂卫平、姚明、丁俊晖算不算？有老赵，其他明星也不少，张艺谋算不算？作家贾平凹、李连杰和成龙，带动写字热的庞中华、诗歌热的汪国真、经典热的于丹和易中天，收视率高的湖南卫视和老毕的星光大道、春节晚会（这个我有些犹豫），算不算呢？我的考虑还是不算。我的心里，还为金山软件传奇人物的求伯君和五笔字型的发明人王永民，留了一个很重要的位置，奈何，比起上列几位，他们的影响力还是得再靠后一点。

当代中国的文化强人，很缺少与中国国家崛起相匹配的伟大人物，号令群雄的武林高手。当代中国，主要是在经济领域全面崛起，同时在与经济相关的领域也发展迅速。文化虽然一会儿会有个热点，但是，显然，真正的文化时代还没有到来，大家仍然在物质生活问题上投入最大。不但如此，好像还不如上世纪90年代那么认真了。但中国国家实力的增强与人民生活追求层次的提升，必然会对文化发展提出更高要求。

上述文化强人，有没有能够在历史上留下来，在历史学家写这段历史时给予一定篇幅的人呢？上述人物，我还真不好判断。历史永远是当代史，未来的人也许会选取完全不同于我们这个时代的文化强人吧。

看来可以说，三十多年来，文化的平台发展远比文化的内容变化要迅速和有成就。文化的重心文艺界和大学，对文化的发展的贡献，似乎与这个时代的需要相比，还有明显的距离。

未来的三十年，我想，文化强人将会是这样的人物：在公共领域，是那些对整合国家观念和增进国家与民间社会共识有贡献的人，包括像积极参与公共政治的人物；在私人领域，是对个人生活方式、个人情感与审美趣味有贡献的人。他们会是哪些人，他们现在正在干些什么，他们会对未来中国有怎么样的塑造呢？

（2012年1月4日）

中国怎样崛起？

中国崛起，估计是领导们心里边常盘算的事。因为，外交上咱们普通人老看着软弱，领导们可能会更觉得憋气。对内部不听话的，想怎么收拾都行；对外？嘿嘿。你想领导感觉那是相当的不好吧。当然，普通人个人，在中国崛起时虽然没有领导们显摆的机会多，但总是个好事吧。所以，今天想谈一谈中国怎样崛起。

第一，要有统治德性。国家领导出门在外能不能牛起来，头一条，自己的统治地位理直气壮。大国的领导，一般来说，实力本身会带来一定的尊重，因为人家得给面子嘛。不过，真实的尊重和发自内心地给面子与认同，必须得解决两个问题：一是统治合法性问题；二是统治德性问题。

这两个都比较不好谈，也容易被某些心虚的领导上火，你领会下吧。尤其领导们出门机会多，肯定会感受多，领悟也多。

统治德性，其实是说在该国制度下，领导是个好领导，或者表现得像个好领导。这两个当然有区别，中国人倾向于按前者的标准来要求领导，或者领导要求群众这样来想领导；西方人认为没人有神性，都是些肉体凡胎，要坏起来一个样，愿意接受后一种。

有统治德性，意味着国家行事有道德原则，国家行为可预测，国际社会能够理解和接受其行为理由（包括经解释后，解释力看话语权了）。

第二，要有国家凝聚力。

现代国家是以主权国家——民族国家为基本类型，少数不符合这个类型的，在当代都多少会有些问题。民族认同的问题，使多民族国家，尤其那些不同民族人口组成接近的国家最终难免分裂；多宗教的国家，也容易分裂。这给领导们造成的困难相当大。国家凝聚力除了客观的国民文化特点外，领导人本身凝聚国民的本事，是非常重要的。

认同是个主观的事，但大家为什么要认同，认同还能把已经存在的差异给逐渐消除，这个对领导人来说现在比过去要难一些。但仍然是有许多可做的余地。恕我直言，历史上文化同化这方面最成功的还数秦始皇，手段激烈了些，但最彻底。具体怎么办？至少有个像样的国家意识形态吧，有个与官方统治所需要差距不大的主流观念吧，即使它比较通俗，但必须有主流地位，且能扩大影响。

第三，对大国来说，还有特殊的一条：要有自己的战略空间和自卫能力。

大国不同于小国，像下围棋，大棋必须自活，要有两个眼出气。一个眼就还得靠别人。自活之后，别人才能靠你，才会有朋友。大国必须能自保，小国才能亲近你，因为你靠得住。靠不住的大国埋怨小国，那是不自知，你也不掂量掂量你自己。捧个金饭碗的傻瓜，一般过几天就被人忽悠成铁饭碗，最后是个破草片了。遇上个没出息的大国，永远是邻近它的小国之痛。

第四，要对国际秩序的维护与塑造有贡献。

一方面，是能出钱出枪出人，维护国家秩序。另一方面，是能够对如何塑造国际秩序、如何更新国际准则有发言权，有话语权。

所谓有发言权和有话语权，是说，你的话在国际上有人听，有人还听得有理，有人还会引用你的话说服别人。举个例子吧，有哪一天，法国对美国说："老兄，你这件事不符合中国人所说的'三个代表'原则啊！"美国人说："对不起，我改正，我改正！"那个才叫发言权、话语权。那个才叫对人类作出了贡献。

有的国家比较爱扯淡，给你个机会发言，把人听得气死。你以为人家闲得没事来听你瞎扯来了？你给人家发工资啊？当然在国内也应该做到说话人家爱听，唉，对有些人，连这也不容易做到啊。

这一条对中国是最难的，因为新旧传统的理论都面临强大挑战，理论创新一时还没有那么大的威力。

第五，成为国际移民的目的地之一。

对中国来说，美国人移民来固然是一个标准，不过，周边国家像日本、韩国、越南、印度移民来的，也算。

这说明什么：该国的人口肯定向外移民的少了，至少大多数国民对自己的生活是满意的，甚至是欣赏的；其他国家的人呢，要来，我得挑一下，于是有移民归化局专门管事。你得中文考过几级，得对中国文化有什么理解，然后你宣誓下要效忠中国。程序完了，等下啊，排队。最后，你可以，来吧。有人生下来就是中国人，会被人家嫉妒死。

这一条目前有多少年差距呢？

第六，对大国来说，还有一条标志：本国语言成为国际通用语言。

第七，本国的大学（包括研究机构）系统，国际化。

国际化有两种，一是日本式的，一是美式的。日本式的，是我的人有国际化生存能力，不太愿意接纳外面的人；美式的，是欢迎来自各文化的同行。美式的要有相当强大的心理安全感，所以，我建议采取美日结合式。比如北大和清华等十几所大学，可以采取美式的国际化方式；其他大学可采取日式的国际化。兼顾开放与心理安全。到一定程度再决定是否放得更开。

再解释一下这能说明什么：国际化是指你这个单位是个有能力超越国家利益和影响的学术单位，考虑的事情超国界、超历史，影响力超国家、超政府，它能把国际上管事的、有决定权的那些人吸引过来，经常一起商量商量未来啊，大局啊，人类的前途啊。这个没钱的国家养不起，有钱的国家要会养。

对中国来说，大约要分几步走：

第一步：达到了解世界的标准。本国企业啊、洋企业啊，要到大学寻求知识和帮助。“我到利比亚投资，来个咨询报告吧。”大学能胜任而愉快，牛啊。大学从外国网页上抄了篇，勉强参考吧；大学从百度上搜了些资料，扯啊；大学说，我也不知道啊？好吃好喝的养你干啥的，啊？中国目前商人的见识比官员的多，官员比研究者的见识多，这个现状要改善。国家的大脑要发达些，才会少上当。

第二步，达到与世界对话的标准。中国崛起对世界有什么影响？美国人、欧洲人都在研究，心里在盘算，这个中国强大了，他们想干啥啊？中国人参与不进去，就不好。有一天，人家会邀请你去参与下，你说说，中国政府强大了想干吗？你说得有道理人家就信了啊。至少自己不要被误解，少些冲突和麻烦总是好事。

第三步，达到共同规划新世界的标准。大家一起商量着，咱们把地球村建成个什么样啊。“中国，你的意见呢？”中国说：“我没意见，你们看着办吧。”这个是自我开除。中国说：“应当这样这样。”大家鼓掌通过。嗯，世界有些事是按你的意见办的，你也算是个角儿啦。

世界不是静止的，大国的行动天天在塑造它。你有能力你也塑下呗。

大国崛起，不是说说就崛起了，要一步步按大国的标准来做。英文GREAT POWER，表示你有强大的力量；汉语至少表示你骨头硬，且有强大肌肉，而且力量主要是向外的，与其他大国比肩的。所以，中国要大国崛起，内部要团结稳定，高度向心，思路清晰，视野开阔；对外要展现大国的特点，堂堂正正，经常能占据话语高地和道德高地，受人尊重，也备受期待。

我们经常请闲客白吃饭，像奥运模式似的，花钱请一堆白吃饭的来，还以为人家真给面子。送我好礼来捧个场，有便宜不沾王八蛋嘛。爱慕虚荣、实利受损的事今后还是不要再干了。真有事时，你的面子在哪就知道了。如果只能输出利益，替人买单，不能输出思想，常犯傻，好欺骗，那么，这个基本是乡下的暴发户，仍然是少应有的尊重的。对崛起颇不利。

总结一下，按此标准，中国要做的事还很多啊，不要轻易谈“大国崛起”，谈“文化复兴”比较好。我觉得这个好像人家能接受，而且它也能包括崛起的意思。离汉、唐的牛劲儿我们差得不是一点儿啊。汉将陈汤有句名言：“犯强汉者，虽远必诛！”

不过，有的小国竟然也能符合几条，很让人敬佩啊。如果有的大国没一条符合的，那就危险了，因为，在国际生存竞争如此激烈的情况下，那就快要解体了。

中国的独特优势在于，文化认同永远不可能解体。所以，这为国家认同奠定了相当强大的基础。有强烈文化认同感和历史使命感的领导人和领导集团，更应当为中国历史、中国人民作出自己应有的贡献，这当然也就会为世界和人类作出贡献了。

（2011年12月26日）

那些逝去的手艺

古人的信念是：积财万千，不如薄技在身。我的家里，爷爷是毡匠，是跟着家族的长辈学的，年轻时在家族的企业里工作，公私合营后就什么也没有了；到父亲一辈，因他体弱，便和我老姨父学了席匠，不过后来到村里学校教书，没有专门干这行，偶尔给自己家和亲戚家编一个就是。到我这一代人，已经不用学什么匠了。因为，手工业的时代已经历史地结束了。虽然如此，但是，改革开放一开始，由于中国社会尚处于农业社会状态中，所以突然一下子出现了许多匠人，包括对农业社和人民公社时代的印象，我可能是得以目睹到一些手工技艺的最后一代人了。

这些手艺花样繁杂，就想到什么说什么了。

木匠。正好村里的老木匠不久前去世，年轻的木匠长年在市里干装潢的活，已经是个城里人了。木匠是我们比较常见的手艺人。大队时专门有木匠铺，虽然不知道他们在做些什么，但幼儿园时老师领着给我们一人做了一条红缨枪，高兴坏了。生产队解体后，他们一是给人割棺材，这个好像不大吉利，不过因为棺材需要画一下，我比较喜欢看。二是给人打家具（嫁妆），后来因为有时兴家具卖了，他们这个活也少了。三是帮人盖房子时，上梁，订椽子，做个门窗之类。

木匠的工具我熟悉，因为我家也基本上备得的。斧、凿、锯、尺、墨盒、拖刨，可能是最简单又不可少的。

铁匠。我见到铁匠的机会不多。不过，有一次亲眼见到打铁，我一个姑父学过打铁，我爷爷去世办事时，大灶的火不旺，他亲自坐下来拉风箱，说自己年轻时学过打铁。小时候看到过同学的两个叔叔打铁，有火，有风箱，然后在铁砧上打铁。确实是在打。所用工具，觉得至少得有铁砧和大锤、风箱吧。

厨师。中国人会做吃的，不过我的家乡自然条件艰苦，物产不丰富，一年到头吃的东西有限。所以一般人不大会做东西吃。在开放后，丧事开始隆重起来，祭祀所用的食物，由村里一位老人家来做，因为是为了看的，有的是真的能吃，有的则是假的。不过，好多东西，确实是既好看有花样，也能吃，完事后大家会分到一些。我父亲常常替人家记账，因此会分到一些带回家来。我一个姑父在县城一家厂子当厨师，我爷爷去世他来做饭，亲眼看到他举重若轻的本领，很是佩服。

泥瓦匠。泥瓦匠一是垒墙，一是泥墙。村里有位在公家单位上班的泥匠，特别会泥屋子。房子修好后，要能住人，得把墙缝给糊住，再把泥墙表面用白石灰泥泥平。好匠人能用很少的白灰就把房子泥好了。垒墙呢，尤其是在过去，盖房用的多是石头，只在下根（打基础）时用大的砂石与青砖，所以垒墙的匠人非常重要。不过，如果不严格要求，好像人人都可以干两下。我弟弟心灵手巧，学这些就特别快。我好像也可以垒两下。家里的院墙在拆掉换新之前，就是爷爷和我们两兄弟三人一起垒的。泥瓦匠的工具，是一把瓦刀，其实是比菜刀粗笨一点的刀而已；一把泥抹，一把泥刺。

席匠。就是父亲学的那行当，把苇整好，用工具破开，然后就在一个平整的地方开始编了。好像这个工具最简单，一张破篾，一把席刀，一个尺子。

编筐的匠人。农家用的工具，不可少的是筐啊，扑篮什么的，这个得要专门匠人。不过这些东西好像特别耐年月。是用割来的荆条，好像要用火将它加热下，它就柔软了，然后就可以编各种东西。除不能盛水外，大的小的用具，它什么东西都能装。村里会编东西的两个匠人先后下世，就没有人会编了。

裁缝。这是做衣服的匠人。但后来一般都是女人在学裁缝了。我妹妹学过几天，不过基本上可能没有什么用了。过去的人衣服不多，花样也简单。主要的是，妇女们纳鞋底。因为裁缝要花钱，所以大家一般是尽量用一次，就是请裁缝给把衣服的样子画下来，用纸剪好。到给谁做衣服了，把“样”拿出来，按大小扯好布，比着样自己也可以剪，有时自己没把握就找下“会”的人给帮助剪或用粉笔画下。我妈就常找一位姑姑给画样。回来再自己缝。

所以，手表、洋车、缝纫机是上世纪70年代和80年代前半期的三大件。这对人的生活重要啊。可能我自己的衣服样一直在家里放着。所以要用一个东西“夹样套”，是用纸做的。同时，这就要用缝纫机，要会锁边，让布边不要脱线。会缝扣眼。当时家家基本有缝纫机，解决了中国人穿衣服的问题。当时我父母从邻村买了人家的二手缝纫机，两个人一起抬了回来，天还下着毛毛雪，非常新鲜的感觉。

再就是外面来的匠人了，我们村离河北近，所以一般是河北来的“老侉”。

戗刀磨剪子的。一般就会在村里喊，“戗刀磨剪子了”，大家就把刀啊剪子什么的让人家给磨一下。我家的一般是由我爷爷来磨的，找块平整石头，就可以磨的。其实我们成天用斧头，都是自己磨的。把刃磨出来而已。

劁猪的。过去农村家家养猪，可能需要去势，就是无论公母，把它的生殖系统破坏了，这样猪专心吃食，可能长得快。我家过去年年养猪，反正到时间就有“老侉”来，几下子，猪叫两下就割好了，然后用针缝上。

有一行算不算呢？杀猪的。集体时，过年要杀猪，有专门的人杀，此人现在也不在了。当时一般是他来杀。不过，其他人好像不一定会杀吧。这个因为当时好像都不让小孩看，我们在门外趴着看，也没有看到个究竟。不过，村里人确实是不会杀生的，一般地连个鸡都不会杀。

另外的匠人就少见了。

一是“古鲁”锅的。就是把破了的铁锅补好。有个小火，把铁化了，然后把破处擦净，把铁水舀到破处，搞平整，擦亮，就成了。

二是锯碗的。碗破了，可以再打几个钉，拼合起来。

三是做杆秤的。秤是称东西所需的。其实那个东西也简单。一个秤杆是木头的，两头用铁箍好，有个秤砣，秤杆上刻好刻度，用铁钉钉进去，擦亮，再加上秤钩，就成了。

另外，爆爆米花的，也应该算一个吧。当时没有什么零售，过些天走村串巷的就来了，大家排着队，拿些玉米，就爆些爆玉花。我家条件差些，不一定每次都能爆。

修自行车的？不知道算不算。城里有专门的店。不过，我们是自己都能修得了。一般就是车胎扎破了，自己补一下而已。还有就是闸不灵了，紧一下。不过，这个需要些聪明，我对这些动手的事，往往就主动地退缩了，让其他人帮忙。

修锁配钥匙的。我上高中时，我一个同学在课堂上，给我演示了配钥匙的办法。他的配法是把锁拆下来，当然原理当时我懂了，不过不会操作。

我是没有学到任何一门手艺。我弟弟和我相比，读书不多，但因此学了毡匠，赶了个时代的末尾挣了几年钱，也会自己编东西，用打包用的纺织带编过一只篮子，只是看了下样子，关键地方拆开看了下，就会了；还会做木工活，给自己的儿子割了一个小床。但即使如此，他仍然不能用这些东西谋生了。实际上，在农业社会中生活的人，为了少花钱，信奉万事不求人的宗旨，能自己做的尽可能自己做，所以，我妈还能用方便面的塑料袋子编了一个门帘，我表叔会用白铁给自己做防盗门，他已经是在市里工作的干部了。

那些人和那些事，在工业化的时代大潮流中，慢慢地远去了。他们的人生苦难和奋斗历程，他们的聪明才智和辛劳创造，他们的那些想法、盼头、煎熬、挣扎，也都随之远去，逐渐地归入永恒的大地。因为他们只是做啊做啊，没有机会或者没有机缘写下他们自己的故事。而我与他们有着几乎很少交叉的故事，但在那个时代已经基本消失的背景中，写下这一段，以纪念我们上一代人生活的一个片段。

网络、留学、高铁、航空、IPHONE、微博、网游……新时代的新生活内容，来势凶猛，根本没有停顿的余地。我能有闲想起这些，不是得感谢远离故国、少人事纷扰的这段经历吗。

（2011年12月7日）

高考招生改革方案呓言

闲居海侧，大雨滂沱，如泄天河，不能出门，遂白日做梦，胡思乱想。因看到伟大祖国以“人傻、钱多、速来”的磅礴气势，迅速提巨款占领美国各个大学，对中国大学的发展现状感到忧虑。以本人现在的美国迈阿密大学为例，本科生一年学费达五万七千美元，计合人民币三十七万元（按汇率六点五计算），如果再考虑还要吃饭和住宿等基本消费，一个人对美国经济的贡献和从伟大祖国所携带来美的数字将相当可观。本人所在的华南理工大学，一年学费六千元上下，合不到一千美元。从学费收入来看，迈阿密大学招一个中国学生所得收入，相当于华工收六十多个中国学生。经济学家可能尚未将此列入贸易巨额逆差的计算范围中，但对中国大学来说，此一现状实在触目惊心。

反正并不承担具体的行政责任，故言之轻松，就高考招生改革提个方案。

域内大学，以北大、清华为翘楚，就以此二家为例。

北京大学文理科为主，挣钱不易，可由国家拨款办学为主。

北京大学招生可以实行各省按人口比例分配招生指标。以此标准，北京市、广东省、河南省，上次人口普查中各约为两千万、一亿、近一亿人口，名额分配比例为1∶5∶5。在北京招十个，在广东和河南应该招五十人，才算公平。

可能，以城市人口比例较多的北京、上海会感不平。可以作一修正：文科仍旧按人口比例分配；理科按全国统考总成绩或某单科成绩的排名直接计算（如用单科我建议用数学），比如全国总分前五千名，这个你能不能考在前五千名，就决定你能不能入读北大理科了。

可能有人不理解为什么要排人口比例分配名额，国家重点大学，一定要有一个全国代表性，这一代表性在某种意义上也具有政治代表的意味。它仍然要承担精英选拔的功能，对于维护伟大祖国的团结、加强各地区人民的了解和联系，其意义不可小视。在某种意义上，也可以弥补欠发达地区和民族地区因教育水平存在的差距而形成的代表性不足问题。

清华大学工科为主，可以实行自行筹款办学为主，国家不再拨付经费。相信清华杰出校友和现在的研究实力能够挣到足够的钱维持学校生存。毕竟挣钱不易，因此之故，清华可实行提款入学制度。即入学名额要靠交高额学费来获得。谁有钱谁上，这应当说为有钱阶级提供了一个方便。按照目前的情况，我看可以以年人民币二十万元为标准（约为迈阿密大学三十七万元的一半吧）。要不要分数线呢？清华自己定吧，想多要钱就降分数线收天量学费，想要好学生就提供较高奖学金保持较高的学费标准。

谁有钱谁上清华是入门条件，我想为了清华自己的声誉，应当确立一个出口标准，即谁合格谁毕业。入学机会按资本原则主导，毕业标准则仍然以学术标准为上。为此，可设立预科制度，如全校工科专业数学统考不合格的可以转入清华预科，不能算正式学生，由清华的老师给吃偏饭，保证他将来再转入清华正式学生，再次考试仍不合格的可以转学、转专业。愿意交钱多念几年预科的，清华可以自己制定政策。

这样，文科的民主主义（比例代表原则）标准，理科的精英主义（成绩第一原则）标准，工科的资本（财富获得机会原则）主义，可以说是中国大学高考招生改革的三个基本原则。

写到此，一看，不错，北京大学这两个招生原则，可以用德先生和赛先生来概括；清华大学这个原则可以当代中国的现实"拼爹主义"来概括，这个有点难听，可名之"财富精英主义原则"吧。这样，"学好数理化"的有出路，"有个好爸爸"的也有出路（机会），我想，还能起到弥合当代中国社会阶层之间巨大分裂的功能吧。

不过，我对此制度改革不抱乐观想法。法学界当年高兴地以为政府集中采购可以避免腐败，结果是法学家此后买电脑永远是迟来的、贵的、旧的，叫苦连天。教育界以为批判了应试教育，结果以素质教育的名义，迅速地使得社会普通阶层升入重点大学的比例下降到连总理都担忧的地步，中国大踏步进入了"拼爹"时代。

虽然如此，也许会有一两家大学，真的会起步呢。

（2011年11月19日）

太阳、月亮与黑洞：漫谈三种人生态度

一年年面对着青年学生充满朝气的面孔，我自认为是在播种法治的希望。但有时也不免会想，这些同学中间，多年后会不会也出一些贪官呢？事实上，像黄松有等落马的官员，当年都是朝气蓬勃、满怀理想的热血青年，他们是怎样地走到了人生的这一步呢？一次听到某贪官家中起获现金几千万元，我还饶有兴致地和同事讨论，这么多钱能够占多大地方。我觉得应该能放满一间办公室，同事则认为，只能装满一只电脑箱。这种近于“皇帝挑水用什么扁担”式的讨论（挑夫认为是“金扁担”），固然是我见过的钱太少，但我更想知道，钱多到已经一辈子花不完的时候，为什么还要贪呢，再贪还有什么用呢？

这让我重新思考和观察周围的环境和当下的现实。我觉得可以用人对生活的三种态度来解释，形象一些可以分别称之为“太阳”、“月亮”与“黑洞”。要理解人对生活的态度之后，才能理解各人的选择，进而考虑制度的改善。

太阳自身发光，月亮自身不发光，必须吸收太阳光才能发光，黑洞则是吸收任何能量都统统吞噬，永远不对外发光。在生活中能够看到热情奉献的人、追求成功的人和消沉悲观的人，尤其突出的是好像青年人参加工作似乎也经历着这样三个阶段。

第一阶段，是太阳。青年人充满着理想和激情，热情地投入工作，每天迎接新的挑战，带动了周围的环境，甚至能够给工作久了的老油条以一种激励。看哪，“组织部来了个年轻人”！好啊，太阳每天都是新的！

第二阶段，是月亮。年轻人工作热情高，但不知就里，不知轻重，慢慢地就受到了挫折，当然不受挫折也不能成长。单位里的工作，一定会涉及他人的利益，年轻人常常影响到他人的利益而不自知，以为积极工作一定是对的。我在机关受领导重视时受到几位处长的冷眼，就非常不理解。我习惯尊重每个领导，只采取阳的一面看人，而不知道人性阴的一面。知道了人性有阴阳，人就成熟了。但年轻人往往是在受到打击之后才明白这一点。许多人就选择了“老油条”的道路，随大流，做一天和尚撞一天钟，不多干也不少干，别人不干我也不干。想让我多出力气，没门！激情是没有了，但还有大体的原则，分内的事还是干的，大体的工作标准也是有的。

第三阶段，是黑洞。单位待得久了，利益分配的事逐渐也经历多了，如果自己的利益领导老是不考虑，老是有人插队，老觉得不公平，这就连月亮的状态也保持不住了。心中开始充满对领导、同事的怨毒之气，对世事消极，对人生失望，对自己也不再有什么指望。一个人到了黑洞阶段，给予待遇、奖励，已经统统不管用。他觉得他亏吃大了，这些早该给，但现在给都迟了。这么想不是完全没有道理，但这么想不免在行动中给环境带来消极影响，就更难与人合作了，结果是恶性循环：他早已不再是月亮，远远超出做事情好商量的功利阶段，什么贡献不想做，什么好处都想要，永远感觉不开心。

重庆的文强警官，年轻时奋发图强，是能量不竭的太阳；中年时得过且过，是应付差事的月亮；中年之后，是贪得无厌的黑洞。中国大地上每天有多少热情的青年最后堕落为月亮与黑洞呢？我想，当代中国贪污腐败的顽症和贪腐官员的非理性贪腐，制度主义的解决办法之所以一直失效，这种观点能得到一些解释：当官员们选择了黑洞式的世界观和人生观，变成了一个个无名的黑洞，任何高薪养廉制度都不可能支付得起代价，任何先进制度也会必然失败。

当然，把太阳、月亮、黑洞按阶段性排列，对人性就太悲观、太灰暗了。并非人人都要经历这三个阶段，也并非人人都会成为月亮、黑洞。可以把它们看作三种人生态度或人生境界，分别对应于奉献型人格、功利型人格和索取型人格。

奉献型人格像太阳，他充满热情，自身有着无穷的动力，且不受外在环境所影响，真可谓不以物喜、不以己悲，先天下之忧而忧，后天下之乐而乐。政治领袖、宗教家、教育家和单位的好领导，都具有这种奔向远大前程的不竭动力。他们不但自己始终保持良好的工作状态，而且能够影响和带动周围的人群，在这类人看来，人生就是为了奉献。伟大人物基本上选择这种态度，完全是因为他们感觉自身不缺乏任何东西。霍去病说“匈奴未来，何以家为”，老板要解决人才待遇竟然自己拒绝掉，首选献身事业。

功利主义者像月亮，人情一把锯，你来我也去。只要有好处，不要忘了我。他往往不理解奉献型人格，认为他们不会算账。当代中国的国家哲学和正式制度，正在全面将中国人塑造成功利主义者，把所有人都逼迫成为不主动发光的月亮，这个是不太好的。

奉献型人格，道德感会比较强，适合做道德家和教育家；功利型人格，计算能力比较强，适合做企业家和商人；索取型人格，不会是一个好父亲、好同事，他不相信人，也不愿意让别人比自己好过，对环境常常会是一种破坏力量。

也许可以说，太阳境界或奉献型人格，是一种“善”；月亮境界或功利型人格，是一种“伪善”（一般人把伪善当贬义词用，我愿意用作褒义词或中性词）；黑洞境界或索取型人格，是一种“恶”。

从制度安排的角度看，还是要提倡积极工作，努力奉献；但制度上不要让多做事的人吃亏，鼓励正向的循环。国家现行分配制度大大损害了奉献型人格者的道德光辉和示范效应，阻碍了功利型人格者的积极作用和贡献方向，扩张了索取型人格者的消极影响和不利传播。应当及早、明确作出政策调整。

当然，在任何人群中，都是功利型人多，奉献型人与索取型人少，领导者要努力造成奉献型人能发挥影响，功利型人在制度引导下积极贡献，索取型人的负面影响压缩到最小的局面。如果有选择员工的自由，最好尽可能选择奉献型的人，这样最容易打造一支强有力的工作团队，更能完成重要的事业。按照传统儒家的观念，“唯仁者宜在高位”，“使小人有所忌惮”，是比较理想的局面。

生活中奉献型人格更幸福，因为他从来不知道自己缺乏什么，只是一往无前忙着事业。功利型人格也能够找到幸福，不过他需要找到自己相对于他人的优越感，房子、车子、位子、妻子、票子，这都是能够找到幸福感觉的比较基点；当然问题是目标实现之后可能容易空虚。索取型人格的困难在于，得到什么都没有意义，整个生活总是悲观与不幸。

法学教育更倾向于重视制度建设，不过，从道德主义走到制度主义的极端，就有些矫枉过正了，同样会有偏差。人的态度对制度能够有效运作是非常关键的。

最后，用孟子的话结束："待文王而兴者，凡民也。若夫豪杰之士，虽无文王犹兴。"年轻的同学，你会选择什么样的人生态度，踏上自己的人生道路呢？

（2010年11月13日）

山寨文化漫谈

“山寨”现象正在成为一种涉及广泛领域的社会现象，各类山寨现象也从过去躲躲闪闪变得光明正大，似乎理直气壮起来。这种现象在法学上值得进行分析，其意义也值得认真探讨。

一、山寨现象及其意义

著名的山寨现象有几个经典的例子。比如，胡戈的恶搞片《一个馒头引发的血案》，自它风行一时之后，娱乐界的大腕也突然开始受到了由此引发的强烈质疑。再比如，山寨手机出现之后，逐渐以其价格优势获得了广泛的市场，并逐渐获得较广范围的认同。较近的山寨春晚的出现，更是山寨现象进入文化领域的一个重要标志。可以说，广泛涉及各个社会领域的山寨现象，逐渐拥有越来越多的支持者和效仿者，山寨现象已经不同于过去的盗版、也不仅仅是知识产权的侵权，它还有着更复杂的时代背景和文化内涵。因而，我更愿意把它视作一个具有当代特点的文化现象，即山寨文化。

山寨文化虽然主要表现在某些领域，比如，胡戈现象对于娱乐界以明星大腕体制为代表的情感表达方式垄断机制的轻蔑和冲击，山寨手机对于名牌所代表的经济权势的游击战式的对抗，山寨春晚对于春晚所代表的垄断性的文化传播平台的主动颠覆，都是非常具有时代内涵的文化现象。在整体上，这些现象都体现出一种对既有体制的不满情绪和轻微的反抗行动，也反映了对当下的正式制度和权威形态有限度的怀疑。

山寨文化在法律上固然涉及知识产权问题，也涉及盗版、侵权等专业性的法律问题，然而，我更愿意把它看作是一个当代中国特有的文化现象。这是中国社会大众化潮流对精英体制的一场无意识反叛，是中国社会主体权利意识的一个畸形表现，它应当是以商业化面目出现的民主化浪潮，一种新社会力量在既有制度和体制中其表达权利和表达意愿受阻后的一种独特形式的表达。

二、山寨现象的启示

“山寨”这一名词虽然是新近突然出现的，不过，山寨文化应该不是突然出现的社会现象。事实上，上世纪90年代曾一度兴起的对市民社会、民间社会（Civil Society）的持续讨论，可以看作是山寨文化的理论化的前身，是理论界对于未来社会发展趋势的一个先行的判断，对于体制改革目标的一种自发的追求。

法治国家的建设，一方面需要自下而上的民主参与，要积极培育民间自发的民主力量和民主的制度形式，使得社会成员在各个社会领域和社会生活中逐渐熟悉和习得符合法治的行为规范，成为法治国家的合格成员；另一方面也需要自上而下的制度安排，要在体制上对于已经出现的民主力量予以合理的制度安排和应有权利配置，至少要及时地给予表达的权利。用官方的语言说即是推动公民“有序的政治参与”，这句话要在现实中落实而不仅仅停顿于纸面上，就需要在制度和体制上作出相应的安排。政治参与不仅仅是选举制度中的被代表，而要能够在其他诸多领域中主动、积极地行使政治权利。政治权利也不应当是被代表之后就完全消失了，政治领域是一个内容丰富的领域，是一个关系互动的领域，尤其不只有以官员身份掌握权力这一种途径。山寨文化事实上对目前贫乏的政治领域提出了自己的不同意见。

目前的社会形势是，中国社会经过改革开放三十多年来的全面发展，已经完全不同于旧日，社会整体在改革方面的承受力已经大大增强，社会成员的权利意识和政治诉求也更加成熟；1998年以来连续多年的大学扩招，把受过高等教育的众多年轻一代不断地输送进我们的社会，社会成员的构成也已经完全不同于过去。这都要求体制能够对此作出适当的安排。山寨现象虽然是自发地发生的，却反映着真实的社会需求和明确的情感内涵，也蕴涵着未来社会重要的建设性因素。历史是由代表未来的人创造的，如果现有的制度架构不能满足需要，它必须被改造，如果拒绝改变，它只能被抛弃。虽然山寨现象目前仅仅拒斥和抛弃的是那些表面化的东西，但是由此引发的民主化、大众化的普及性观念和行为范式是具有相当的影响力的。

山寨让人联想到聚义的梁山好汉，它显然不同于盗版、侵权之类的违法勾当，而是蕴涵着相当的正当性意识，也具有比较深厚的群众基础。虽然它以复杂的面貌呈现出来，并且确实可以对它涉及盗版、侵权的方面进行若干纯粹法律性的技术分析，然而，这种山寨主体在自娱自乐中体现的对既有制度的拒斥，对自身力量的觉醒和对自我行为正当性的充分理解，都提供了一个重要的信号：现有的一些制度惰性太重了。陈旧的形式、僵化的语言、贫乏的现实，大家不愿意再听、再看、再接受，甚至不愿意假装接受，于是干脆自己玩自己的，自己和自己玩，没人愿意再陪你玩。因而，对山寨现象的这一文化内涵和精神实质要重视，更要积极评价。

人是有多种需要的，政治参与也是人的正当需要之一。在三十多年来经济建设取得重大成就的基础上，推动公民有序的政治参与，在制度和体制上作出积极的回应，为把中国人从市场的“私人”进一步转变为政治领域的“公民”，不仅能够谋生赚钱，而且也能够参与公共权力的行使和运作，参与社会领域发展的决策，要满足已经解决温饱之后的中国人的这些高层次需要，的确需要我们在政治、法律制度的改进方面作出更多的努力。

山寨文化体现出社会中涌动的政治觉醒、高涨的权利意识、普遍的民主观念，也体现出张扬个性、追求自由的新时代的主体形象的特点。它以反讽的形式、自嘲的状态表达了对当下社会状态的批评和拒斥，虽然它的确建设性成分不够多，但它提出的问题是非常有意义的。不能不说，在当代中国社会既得利益群体势力过度膨胀，广大社会成员的利益改善不够明显，被剥夺感和疏离感日益增加，社会共识面临不断削弱的危险，改革所需要的基本前提——社会团结也遭到严重的威胁。山寨文化的拒斥权威、自我代表的新型现象，对现行的正式制度安排的改革提出了明确的努力目标。

我想，在山寨现象之后，随之而来的可能还会有突然出现的青年亚文化潮流。山寨文化隐约代表了未来的民主化浪潮，也预示了大众化社会的前景，这都给未来中国社会的发展带来了许多不确定的因素。这都是我们需要认真对待并在现实中作出相应的改变的。

（刊于《法学家茶座》第27辑，山东人民出版社2009年版）

（2010年1月22日）

低俗是一种权利

12月1日那天晚上，偶然看CCTV的焦点访谈节目，里面批评汽车展上车模的穿着过于暴露，有意思的是，采访了各类人员，尤其还采访了一个车模，女孩自己说：太露了，客户让穿的。节目大概的意思是这车展搞得太低俗了。

CCTV是国家电视台，这种姿态就表示着一种态度，不过，我的感受是有点小题大做。低俗是社会主体（在这里是汽车展的主办方和参与的厂商）的一种权利，虽然是并不怎么值得提倡，甚至可以鄙视的，但是，好像还犯不着由国家电视台出面来对此进行抨击。

首先，CCTV有更为重要的事情要做，不宜浪费如此宝贵的媒体资源。古语云："豺狼当道，安问狐狸。"当前社会中最为丑恶的现象和国家最为危险的事情，是利用公权力为小集团谋取私利，不断挖掉国家统治的合法性基础，不断削弱社会成员对社会的积极期待，丧失等待和忍受的耐心。所以中纪委会有"要通过治标为治本赢得时间"的紧迫感。国家电视台有责任和义务，在此方面参与对丑恶现象的反腐败"战争"，而不是过家家式的指责个别不够美好的小人物。如果担心讲坏人坏事不够正面，还可以在推进相关的制度建设方面下点功夫啊。你有没有能力做呢？

其次，在今日的时代，提倡法律权利远重于提倡美好道德。权利是所有人在社会中生活的保障，道德则因价值观念的多元化而日益无法承担过去的传统职能。道德诉求往往是很可疑的，你觉得应该这样，我还觉得应该那样呢？但权利不同，如果人们有权利这样做，最好不必干涉；因为这是人家的自由。如果他没有权利，自有受侵权者出来说话。这样，重要的恐怕是疏通人们维权的通道，提升人们对司法与法律治理的信心。不是说不应该提倡道德，而是说，一方面，在如此纷纭的时代背景下，法律权利尚且没有得到认真对待，这个更为危险和更加重要；另一方面，道德主要是通过人们的善良行为表现出来的，而不是由好听话说出来的。在社会对于整个官场的评价和想象还没有回归正常之前，谈这些还太奢侈，在腐败与侵权、特权与无权现象如此急迫的情况下，批评个别现象给人的感觉是没有抓在点上。

再次，官方权威媒体应当适当戒一戒道德高调。笼统地讲人应当当好人，追求好事情，恐怕没有人会反对。然而，我们不能仅仅在镜头面前要求人们表态就算完事，而是希望人们真实地这样行动。如果以是否会采取善良行动为判断标准，恐怕大多数的好听话都没有多少落实的可能。道德高调唱多了，就成了习惯，也就容易成为一种模式，请几个有代表性的人讲一讲，各阶层都认为应当如何，这个模式太老套。将制度问题予以道德处理，是长期的毛病。什么病开什么药，不能什么病都吃止痛片，制度问题存在的缺陷不可能通过道德高调予以解决。实际上这一做法就意味着并不想解决，我做给你看，逗你玩呢。群众也不都那么傻，实践会教育大家，你必须认真对待合法性资源因此造成的流失。

最后，即使是国家电视台，也要尊重公民追求低俗的权利。车模太暴露不好，在我看来，实际上不用车模更好，我们可以提倡在车展上唱红歌，学领导讲话，甚至开展中国梦演讲比赛，总之，把某些机构的做法也借鉴过来。但这个好像不灵啊。人性是复杂的、多元的，一个社会不要期望所有人、所有场合都高尚，尤其不应当带有某种强制意味的要求高尚。车商想卖车，展商想增人气，人们想看热闹，你不顺眼可以不看，但不能要求你视野所及都得顺眼。挣钱的人，知道该怎么把钱花出去才能挣到钱。谁让你把财富都分配给了低俗的人呢。要让我来定标准，街上只许开书店，书店只卖学术名著，你不难受死啊。世界是多元的，人也是多样的，人们才走向四面八方，才形成大千世界，才有了丰富的生活。尤其是，生活必然包含了我们不喜欢的东西。但是，我们珍视的东西不因其他人的好恶能够存在，这就最好。国家电视台即使是谦虚的姿态低调地批低俗，也并不真正谦虚和低调啊，那并不真正尊重人家的权利。

新闻学上有个议程设置的名堂，公民是由公共媒体塑造的，我成天讲些什么，你就会关心什么，某些东西就在你个人化的世界印象中占据了重要位置。我就没有时间看车展，根本不知道这事。何必将它当多大的事呢。我不喜欢低俗，但我更不喜欢这种缺乏担当、糊弄观众的节目。本山大叔能常年上春晚，恐怕也不是有多少观众要看他，你不喜欢他你能喜欢谁呢？议程设置呗，最后大家的欣赏趣味就成这样了，大家的智商也就成这样了。

（2014年12月6日）

生命的长度与强度

昨天在给在职的研究生班上课，谈到刚刚逝世的上海市高级人民法院的邹碧华副院长，大家都是法律人，也都关注和了解此事，谈话过后，颇有感慨。

由于所从事学科或个人的偏见，我在此前并不了解这位可敬的大法官。不幸发生后，微信上的消息迅速地增加，法律博客网站上的悼念文章也立即有不少，尤其是何帆博士的文章和邹君那篇发在《人民司法》上的“九步法”文章，可以使人清楚地看到一个体制中人的惊人才华与扎实努力。有人感慨“体制中还是有精英啊！”有微友留言：“今夜法律人都在为邹法官刷屏。”

网络是容易轻松表达各种负面情绪的地方，尤其如今大家对于官员并无太多好感，第一反应一定会是质疑。但是，从邹君逝去之后网络空间的反应来看，我感到，对于还在体制中坚守的那些精英们来说，邹君还作出了另外一种特殊的贡献，让我们注意到了体制内的理想主义者！如果你真的有杰出贡献，人们还是会不吝惜赞美与承认。虽然有时感到孤独，但人性的真善美确实一直都在，只是我们要以加倍的努力来唤醒它。

邹君比我年长三岁，已经属于中国社会中令人羡慕嫉妒恨的“成功人士”集团，遽然逝去，无论从哪个角度来说都令人惋惜。难道平时就没有个像样的秘书为领导服务，把PPT搞得好看些，要自己亲自动手？那篇“九步法”的文章近八千字，这样的篇幅是要付出相当的努力才能写得如此漂亮、如此精练的，如果不用秘书代劳，那得多累？我曾经为机关的领导写过文章，还给领导的上司写过文章，都用的是他们的名字，我也给大学的领导写过讲话稿，连他们的秘书也忙不过来嘛。就连大学中的教授，有时也并不完全是自己完成一切事务，我年初出的那本书，引文就请研究生同学核对引文。如果都像邹君这样，过于追求完美，自己要“亲自”做太多的事，那只有累死一条路了。为什么非要如此？是不是太可惜了？我们应当如何选择自己生活的“活法”和工作的“干法”？我相信，许多人会思考、会算账，从而会选择和调整今后的生活和工作方式。

但是，账还有另外一种算法。

如果邹君再长寿些，再努力些，肯定会再作出更大的贡献，然而，我相信，在生命的长度与生命的强度之间，优秀的人永远会选择生命的强度。

按照宿命些的观点，每个人都不过一支蜡烛，脆弱得非常容易被风吹灭，保养好身体，多些锻炼，就是希望让这个蜡烛尽量正常烧完，不要被意外的大风吹灭。

然而，优秀者能够以一支蜡烛的体量，燃烧出夺目的光芒，他能以有限的生命创造出许多平凡蜡烛永远不可能放射的光和热。邹法官是在和平年代倒在自己岗位上的一位烈士，是一个践行了自己理想的人生强者。想一想他的工作环境和工作性质，其实并不适合理想主义者生存，但他硬是以一位普通法官、法院系统普通领导的身份创造了许多辉煌，尤其是他说的那句话，“不要让我们现在的工作成为未来改革的对象”，具有何等明察的智慧和令人敬佩的担当。

在当代，生活已经非常快乐，也非常容易找到满足，甚至能够得到幸福，有时幸福也似乎唾手可得。不过，对于真正有所追求的大智大勇者，他们仍然选择了成为追求生命强度的人。

在我们的生活中，其实可能一直存在着一些人，他们坚持着自己的理想，默默地和这个世界保持一种复杂的关系，尽一切可能将自己的生命放射出更加耀眼的光芒，让自己的生命成为一种艺术创造，我不由地想起人本主义心理学家的那本书——《人性能达的境界》。生命的强度，就是人性能达的境界。生命的长度，提供了人作为动物的生理界限，而只有生命的强度，才体现出人性的光辉和伟大。

邹法官由于自己的努力和时代的机缘，在生前毕竟还进入了“成功人士”的行列，而也许还有其他一些人，由于坚持不与世界妥协，不与流俗合流，以理想主义的姿态坚持自己的生命质量和审美标准，有时也可能仅仅是不肯放弃人性标准，要克服生活中许多的困苦与磨难，因而，不得已牺牲生命的长度、牺牲生活中的其他好处，来换取自己所追求和看重的价值——让人性体现出它的光华，让自己达到人性能达的境界。

保健和养生，虽然重要，但人生的目的如果是活得足够长，有时不免仍然显得苟且，有些无力。如果能够在保持自己的独立存在的同时，还能对生活施加自己的积极影响，那就更有意义，更有价值。

人各有其命运和机缘，如果我们选择了自己的目标，并且为之奋斗，如果我们不愿苟且、不能容忍那些丑恶，如果我们选择了生命的强度，即使真的无奈地牺牲一些生命的长度，它未必不是一种值得高度评价的人生。他人的选择我们无权要求，自己的选择却可以努力把握。

历史如同一条不断地进入黑暗隧道的道路，当一切陷于黑暗之时，必然有勇敢选择、勇敢牺牲的仁人志士坚持自己的人性标准，坚守自己的人生选择，以一己之力发挥出充分的光和热，为大家带来光明、带来希望，照亮前进的路。然而，一个人的光亮能有多少呀，你牺牲之后，大家仍然继续消失在黑暗中。但是，一个人的牺牲，必然会唤起更多的牺牲；一种高尚和圣洁的人生理想，必然会激发出所有人对于美好世界的向往、对于善良人性的尊敬。正是因为如此，我们又走出了漫漫黑夜，进入新的光明。我说过，这是一条不断进入黑暗隧道的路，即使我们暂时进入了光明，前面还有着新的黑暗。

如果不是知其不可而为之的那种人性努力，那种努力之后也白搭的不断牺牲，今日的人类哪有如此的辉煌成绩。我们生活在前人奋斗的基础上，你真的以为，就凭我们每天这么混日子，配享受这样幸福的生活、这样美好的日子吗？

学界中有人如此理想式地生活似乎并不奇怪，但当看到体制中人却保持了理想主义的姿态，并为此而奋斗和牺牲，这确实提示我，体制中那些优秀人士，他们一直都存在，一直在不懈地努力、不断地奋斗。尤其是，他们可能还比较孤独，官场的功利主义者不理解，觉得这不像个当官的混法；老百姓不可能理解，天下乌鸦一般黑嘛；学界的理想主义者不理解，贪官嘛，腐败嘛！但他们真的在努力付出，直到牺牲了生命，我们才从耀眼的光芒中看到他们的惊人贡献。

这也就是混沌现实的希望所在。社会可能表现为一片堕落景象，而人性的力量却正在努力回归常态。当越来越多的人愿意恢复自己的人性尊严而不是炫耀特权，认识到真正的价值所在而不是利益所在，愿意提升自己的生活品位而不是改善口味，世俗化与物质化力量对生活的过度控制，就一定会迅速瓦解，生活整体终会得到改善和提升。

如果能让普通的生命体现出罕有的强度，这种活法还能说是不划算，还仅仅是个人的牺牲吗？

（2014年12月15日）

言论激进者的意义

今年开会，听到一位前辈学者自得的叙述，说：××人说的那些话，我都同意，但是，你应该以建设性的态度来表达，而不是以那种人家不能接受的方式。你看我，我说的话基本上都能发出来，而且体制中的人也都对我比较放心。

在学术场合的这种得意姿态，让我感到非常不是滋味。

如果说，至今还存在的某些不时泛起的沉渣，只是让我们感到不悦，毕竟我们从来没有把他们当作值得平等对话的对象（可能人家本来也没有打算和我们讲理）；那么，学界内部日益出现的分化与分裂倾向，则值得注意。我说的是真诚的学者的观念之分裂，至于假学者、类学者，就不必要考虑了，人家本来也没把学术当作一件有所谓的事。

在中国这样的国家，前现代、现代、后现代，这三个时代的事情同时发生，对思想的挑战至为巨大。今年夏天，坐车经过甘肃的天巉公路，这是一条高速公路，不过似乎车太少，没有封闭。路上有高速行驶的汽车，还有速度很慢的农用车，但是还有自行车和行人，以上都容易见到。我当时笑言，也许还可以看到驴车。没过几分钟，真的有一辆驴车出现在路上。这就是中国。这条公路真可以作为中国问题复杂性的一个直观代表。

复杂的中国现实，不是任何个人、任何理论可以垄断和包办的，西方的学术理论面对此种现实也会突然丧失其可以运思的对象。因为，这是中国。

说到底，中国问题，只有中国学者自己才能思考和理解，进而促进实践上的解决与进步。

中国曾经是一个物质匮乏的国家，今天物质相对改善了一些，但精神与思想上的贫乏，就我们所要思考的问题而言，甚至更为严重。因为，现实的浪潮扑面而来，我们还没有看清一件事，另一个事件又裹挟着你必须思考。在当代中国，虽然“文革”式的思想垄断与控制似乎不见了，但应当承认，思想者与思考者的缺乏，尤其是自主的有创造力的思考者之缺乏，丝毫不亚于清洁空气之缺乏。

自上世纪90年代以来，中国社会的权势集团开始分化，并彻底地放弃了社会理想之后，真诚的改革力量已经式微，能够获得广大民众支持的改革行动也日益少见，学术界自身也当然地在利益的分配机制的调和作用下发生了剧烈的分化。不少专家也自愿半自愿地成了民众所指的“砖家”。

在此种犬儒浓厚的现实气氛中，仍然还能坚持理想主义的思想者，已经日益少见了。他们或已经不再有耐心把自己的精力浪费在仅仅是对常识的一千次一万次的布道，或无奈地需要经营自己与家人的卑微生活，或已经无力面对日益自信和强大的那种蛮横力量之纠缠。

对于中国的学者来讲，你工作的受益面越是广泛，能影响的时期越是长久，可能给你付费的人就越是稀少。对人家没有直接利益嘛，但你同样是一个人，要生活，要生存，大患分明有此身哦。

我们的言论空间，曾经是一片禁区，后来变成了相对有界限的雷区。曾经有许多的有担当的各类人群，努力地争取和扩大了说话与表达的可能空间，当然，肯定也会有人把握不好尺度，而被迫“牺牲”，但这种激进的姿态，无论如何不应当被解读为他的智商不够，或者情商不够。

只有有人开辟了表达的空间，建设性的言论才有接受的可能。建设性思考的学者也才有获得体制接纳甚至垂青的机遇。不过，即使有了这些现实的收获，也不必采取那么一种有些傲慢的姿态，甚至批评起为你开辟“贡献”社会甚至创造历史的人物。

他的激进表达，为你建设性表达探明了危险，使你可以继续说一些老少咸宜的安全话语，持续活动在若干可以出现的场合，有些场合也许还比较高大上。这说明了什么呢?

是他缺少社会生活的知识与体制的认识，还是你自己缺乏对社会现实的真正勇气？是他缺少像你一样在社会中呼风唤雨与各类掌握资源的权势者纵横捭阖的情商，还是他坚持了学者需要的那种德性?

孤独的激进思想者从来是存在的，但如果能够将自己的所思表达出来，会大大地增进整个学术界的认识水准，也会逐步地提高社会公众的教养水平。激进思想的表达因而才可贵，因为他完全拓展与更新了话语表达的空间与领域，给建设性的建言提供了更多的表现机会与作为空间。

也许学者自己更需要理解学者。社会生活固然需要学者们承担起不同的功能，各人的性向也使其适宜担负不同的社会角色。然而，获得更多资源与体制机会的学者，似乎没有必要因而变得那么傲慢、那么居高临下、那么颇有优势的感觉。

对于历史来说，她只记住作出贡献的第一个人，虽然现实可能会把奖励颁给权力与财富最喜欢的声音。对于每个人的生命来说，我们都会进入时间的暗夜，我的这些话语本身也就并无太多的意义。我是在说，你会在听吗？也许你根本不屑这种生存，已经在欢声笑语中陶醉于自己的表演，并因而也自如地成为代表了大家幸福生活的体制本身。

——谨以此文献给当代思想史上敏感问题的首次表达者，尤其是那些被迫改行的学术失踪者。

（2014年11月17日）

异域随笔

中美的几个不能比

上次写的，太太看了说，可以了，不用再写了。去了才几天，就老是美国美国的，不用写了。于是受此启发，写最后一篇吧：中美国情差异较大的几个方面。

一、美国巨大的环境与生态资源优势

说点小的吧。空气，太好了。大家在院子里赏月（在美国赏月，感觉是怪怪的），有人问，美国的月亮比中国圆吗？有人答：至少比中国的亮吧。在飞机上，已经高高在云层之上，但看地面还是非常清楚；去学校的第一天，没有戴墨镜，眼睛被晒伤了。才明白，为什么老外爱戴墨镜，空气太清洁了，污染的空气也有一定好处的。

在飞机上看密西根湖、芝加哥市，近乎原生态的大量未开发自然环境；在任何公共场所，都觉得空间如此大，人口如此少。环境资源与人口的比例，确实不能比。因为这个不能比，好多事情就也不能比了。

不过，中国公共服务的经济效益应该是非常好的。像中国公交车、地铁那么拥挤，经济效益其实是非常之高的。

二、美国良好的人文环境

去之前，担心迈阿密什么的治安差，但经过生活之后发现，比起中国来说，要安全多了。而且，我们是外地人、外国人，但并没有受排斥的感觉。只要是你的权利，你就有权利享受。比如，到奥兰多的迪士尼玩，居然还购买到了本州居民的优惠票，三天套票100刀。我心情忐忑地出示自己收到的邮件地址，居然这个就算是有效的证明文件。说实话，在国内可能还没有享受过这个待遇，除了在单位觉得被缴税过多也懒得理之外，你说，这个环境差别是真有。

在2011年的最后一天，在新搬入的住房的门口散步，新邻居过去自我介绍，并说Happy new year。我当时居然没有反应过来，明天就是新年了，这是我听到的第一个新年祝福。

良好的人文环境，体现在多处，天气炎热，也不多举例子了。不过，我感觉，宗教信仰对此是有重要帮助的。

三、较严格的社会精英生成机制

虽然有钱有权的人都想把社会地位遗传给自己的孩子，可在民主社会中，这个不容易。他们仅仅能够为他们提供一些助力。社会精英是经过公开的形成机制，以自己的努力，最后攀登而得来的客观社会身份。官二代和富二代，在中国可以，在美国，可能一是不容易这样容易继承（财产的继承比较复杂，暂不论及），二是即使继承而来，也不可能那样嚣张，他必须保持足够的谦虚与对公众的尊重。

精英就是精英，地位就是地位。我们这里，后者等于前者，可能在美国，前者才等于后者。在今日身份和地位日益固化，青年一代都在拥挤着考公务员的时代下，精英一词，真令人可笑。

四、大学的国际性地位与影响

美国本身是国际化的，一般地，在你的周围，几乎各国人等都有。国际化的国家，也形成了国际化的大学。这些大学，拥有的影响力也是国际化的。

虽然英语的地位，使得美国大学比欧洲大陆的非英语国家的大学，地位相对地受到了明显的高估。但是，即使如此，美国大学的成功模式，仍然是值得学习的。具体是什么，我不可能系统地说出来。不过，专业知识优先、专业人士优先、创新人才优先、主业优先，这个是我们不可能学的。中国大学，党政系统的官员一大堆，也抢着要搞科研，拿项目，项目反正只要有个题目就算吧。这个实践理性发达的中国人，还不是很容易就把任何监管系统都玩死了。

真正的专心搞科研者，可能逐渐边缘化，慢慢稀缺化，最后化石化，没有了，大学也就在花钱中死掉了。自己和自己玩，永远是自己骗自己。

五、发达的社会系统

最后一点，觉得发达的社会系统也值得一说。不过，今天不想说了。想一想两国大学中的学生会吧，一方是多样化的学生自治组织，这会那会，一方是高度统一的行政管理组织，统一领导各会。反正名字也叫学生会，其实是学生官员会或者学生官员养成会吧。由此可见一斑，他们将来都是当领导的，反正领导觉得这样也很顺，管好，不出事，都在我掌握之中。

创新、自治、自由，这些事情，不是多事嘛。但只有多事的机制，才有事多的可能，才有真正的创新。创新就是，你让人能够胡乱来，随便来，但创造型的事业就在其中了，创新人才也就在自由发泄、发挥中，慢慢地成长起来了。你盖一座大楼，命名为“世界第一创新大楼”，设立一个学院，叫“创新学院”，设立一个专业“发明家专业”，设立众多项目“国家创新工程项目××计划”，你让他创新，他就创新啊？

嗯，回国快四个月了，马上迅速适应了伟大祖国的生活节奏和工作环境，美国，也就逐步忘记了，像一个不真实的梦。难道世界上真有这样一个国家？真有一群人在那里生活？我没有去之前，他们那样过着，已经过了许多时间，三百年，和平安宁；我走了，他们仍然在那里过着，也许还要过下去。虽然美国欠着中国的钱，让我心情复杂，人均从中国借款一万美元。

我，我们，只能过自己的日子。我们的日子，是什么日子呢？将来会是什么样的呢？

（2012年6月13日）

美国社区图书馆的治理功能

美国的公共图书馆系统比较发达，从图书馆专业和大学图书信息技术的角度当然可以发现多方面的借鉴，不过，它在地方治理方面的作用则不容忽视。

以纽约市为例，它有三大图书馆系统，收藏固然非常多，比如著名的纽约公共图书馆，收藏之富，据说仅次于美国国会图书馆。不过，更为重要的是它对基层社区人民提供的服务。

首先，网点稠密，贴近居民区。纽约公共图书馆和布鲁克林公共图书馆的网点分布非常稠密，基本上步行十分钟左右你能够到达一个社区图书馆。如果能够这样方便地贴近图书馆，你也就愿意享受他们的服务了。

其次，提供针对性的服务。图书馆当然是为读者服务的，不过，由于美国的外来移民比较多，尤其在某些社区比较集中，图书馆除了为一般读者及有特殊需要的研究者提供精准的专业服务之外，还为本社区的特殊居民提供针对性的服务。

我居住的社区邻近布鲁克林日落公园，该社区的拉美裔和亚裔移民比较多。因此，布鲁克林图书馆日落公园分馆为此提供了比较特别的服务。在收藏方面，收藏了不少中文和西班牙文图书和期刊，方便那些年纪大的读者；提供英语培训课堂，帮助英语还需要进步的孩子们；周末还组织有故事会之类的活动，吸引孩子们来图书馆。

我在英国短期生活过，习惯了西欧国家的安静氛围，对吵闹的环境比较敏感。可是在美国有的社区图书馆里，比如日落公园的社区图书馆，里面华人和拉美裔的小孩都比较吵，有的小孩还在图书馆的书架间追逐，有的成年人在图书馆打电话也能见到，这在西欧是明显缺乏教养的行为，也未见馆方干预，可能也没办法管。

美国学校放学早，不少家长也习惯带小孩到图书馆来做作业。有的家长就边看书边陪孩子完成作业。图书馆好像也鼓励孩子们放学后到图书馆去，有的图书馆还会开展读书比赛之类的活动，并给以奖励。

社区图书馆在美国的地方治理方面有什么作用呢？我觉得可能有以下几点。

首先，图书馆积极吸引人到馆学习、使用图书馆资源，取得学业上的成功，图书馆与学校合作共同肩负起帮助美国下一代成功的重要使命。

与中国学业竞争过度激烈的情况不同，美国的年轻人不免在缺乏足够压力的情况下，放纵自己，拼命地玩。体育运动、音乐、游戏、很多青春狂欢，时间哪里够用。可是，当你把时间浪费在那些对将来的工作能力并无意义的事情上时，当下是潇洒了，后面就要瞪眼了。

中国父母和学校以及孩子自己，是压力太大了，应该相对放松下，可能在美国就感觉到学习压力不够。美国的有识之士，比如畅销书作家布罗克（Brokaw）在其著作《我们生活的时代》中就高度评价中国中学阶段的理科课程设置，认为美国中学阶段不提供相应的理科课程是不对的，应当向中国学习。理科课程（在美国统称STEM，即科学、技术、工程、数学课程）对谁都不容易，美国从官员到专家也都在呼吁要重视STEM课程。

美国政府是重视教育和下一代成长的，他们清楚地知道，未来一代的能力决定着国家的竞争力。可是，政府又奈大众文化何？年轻人就是对于体育、音乐、游戏甚至有些不健康的青年亚文化如帮派、同性恋、吸毒、游戏等给予追捧，并愿意把生命浪费在它上面，你有什么办法。图书馆的努力虽然未必对所有人有效，不过，能帮助多少算多少吧。

其次，图书馆有意识地承担起使新公民归化的功能。

美国移民比较多，这些年拉美裔的移民在美国增长尤其迅速，已使得不少地方西班牙语化。在纽约，中国移民也比较显眼，他们喜欢聚居，形成了曼哈顿、法拉盛和布鲁克林八大道三大中国城。在移民聚居的区域，事实上已经很难说它是不是美国了。布鲁克林中国城给我的感觉是，它似乎是中国福州市布鲁克林县。这里通行福建话，充满福建餐馆，到处是福州人和福建文化。在这样的区域生活，还真不好说你真的是在美国。

面对这种情况，美国政府就有非常大的挑战：如何使这些来自不同国家的人迅速归化，融入美国文化，成为真正的美国人？这个困难是比较大的，已故美国政治学家亨廷顿《我们是谁？》的书，专门讲美国人的身份认同问题。由于美国学术界的政治正确性压力，他没有办法透彻地讲明白他的真正认识，不过你可以透过字句来琢磨他没有说出来的那些话。

具体到图书馆，它们能够做的就是，吸引新老移民们到图书馆里来，读美国书，参与美国生活，学习好英语。这样，你的想法和观念慢慢就美国化了。尤其还要对有具体需要的人提供具体帮助，图书馆中关于指导人们如何入籍的书籍比较方便获得，日落公园分馆就有各种语种的资料。

其实，这个进度是比较慢的，尤其是移民们有自己的小社会，因此，这一工作的成果未见得那么明显、那么迅速。

不过，作为接受政府拨款的公共机构，图书馆系统对于自己的职责还是很认真的。它要帮助那些学习者在课业上投入更多精力，帮助成年人在图书馆找到提升技能的机会（有没有提升其实也不太重要）。它帮助那些愿意融入美国社会的人改进语言能力，成为一个真正的美国人。如果社区中的人们成功了，美国当然也就成功了。

在这个意义上，我觉得社区图书馆发挥的功能还是值得重视的：为美国人的学习与进修提供了尽可能的方便，服务于孩子们的学业进步与成年人的职业发展；有意识地提供社区居民需要的培训和信息，愿意吸引孩子们到图书馆中度过更多时间，使社会中多些书香；不设限制地提供读书的便利，使知识尽可能普及到所有人群，尤其还要提供免费的英语培训机会，帮助外来者尽快融入美国。这些都使得它在社区治理方面发挥了重要的作用。它不只是一个藏书的地方，也是社区学习中心。它努力把更多的人聚拢来，让孩子们在无意中习惯把时间花在阅读上，也吸引了大人们来图书馆坐坐。社会上书香味浓厚了，人们干其他事情的精力就少了，社会治理就相对地容易一些。

日落公园图书馆在2016年度被评为美国十佳社区图书馆，正筹备建设新馆，目前正在募捐过程中。这一段时间大学放假，我基本上在它里面度过。它比较简陋，设施良好的洗手间还显得缺乏，这条件在美国是够简陋的了。不过，它仍然发挥了自己的社区服务功能。

纽约市外的其他地方呢？我五年前在佛罗里达的迈阿密大学呆过，那里的社区图书馆也同样运行良好，女儿借来哈利·波特系列厚厚的几本书说读过了。这次我到同事所在的新泽西新布朗斯维克市，也路过那里的社区图书馆，虽然没时间进去看看，不过他们家的大人孩子是经常享受图书馆服务的。

美国的公共图书馆系统毕竟已经建立和运行多年，有它们的成功运作经验。中国的图书馆其实也在取得进步，我到广州图书馆新馆阅读时，就感觉它收藏丰富、有比较开放的姿态，开始向发达国家的图书馆学习，相信中国的图书馆事业也会在未来有不小的进步，在基层与社区治理方面肯定也会有自己的贡献。

（2017年1月2日）

美国教会的治理功能

美国作为基督教影响巨大的国家，教会在治理中的作用颇值得深入了解，此次有机会接触各类教堂，就有意到不同的教堂进行了观察。

教堂是美国各地最常见到的建筑，有大型的，也有小型的，偏远地区有，在繁华区域同样不能少，甚至在曼哈顿这样寸土寸金的地方，教堂也一样不少。华尔街附近著名的三一教堂，紧邻纽约证券交易所，和那个大铜牛一样，已经是中国游客逛纽约必经的地标。

纽约市的教堂大约和图书馆一样，根据服务社区居民的方便而散布开来，基本上在步行范围之内一定会有教堂。我租住的房子，一出门就有三座教堂，分别服务于南美裔、华裔等不同人群，这个布局就很密了。

从美国的教堂来看，它们提供的服务还真不少。

一是对于社区居民布道，主要是周日的主日活动。这个功能每个教堂都会有。一般的教堂都扎根社区，常来的也是熟悉的人，牧师与教友之间也比较熟悉，比大学中师生间的熟悉程度高多了。我到家门口的圣雅各会教堂，所有人都知道我是新来的，牧师热情地和我打招呼，询问具体情况，大概想发展我加入组织；辅助翻译的教友也积极地问好。我上周日到法拉盛的圣佐治教堂，那是我见到参与主日活动人最多的场景，大概有三百多人吧。还专门有欢迎新人的环节，牧师请你起立，然后大家鼓着掌，一起唱着歌儿欢迎你。那个感觉，一般人受不了，不加入组织不行了啊。我真是滋味复杂地听完了歌，接受完了欢迎。

布道活动的核心环节是牧师讲道，这为信众提供一个温习与巩固宗教知识与信仰的机会。家门口这个圣雅各会教堂的中国牧师是香港人，布道时讲广东话，需要有普通话翻译。一般地牧师会结合自己的个人经历，合情合理地与听众沟通，这基本上类似于大学老师上课，听进去了还是很有意思的。家门口另一个教堂的南美裔人的布道，则主要是唱圣歌，大家又唱又跳，非常投入，我去那天，听了一生中最多的圣歌与“哈利路亚”。还是很受感染的，多去几次，会不会就迷上了也说不定。法拉盛圣佐治的副主教谢牧师原来在中国内地大学任教，我曾经读过他的书，现在则成为法拉盛这一华人聚居区牧师，现场看来华人信徒众多，成绩确实斐然。

二是对社区中弱者的帮助。教堂在社区中，根据自己的了解对社区中提供各种适当的帮助。我住地附近的这个布鲁克林社区教堂，创立者形成了一个传统，一定要在周日提供一顿丰盛的午餐。从教堂历史的介绍看，当时找场地时，有的地方不能提供厨房就放弃了，它坚持选择能提供一顿饭的场所。吃饭成问题的人当然是弱者，但还可能有其他的弱者。教会的活动每次都有捐赠活动，每人发个募捐信封，然后仪式后期有人托着盘子回收。我在布鲁克林社区教堂观察布道活动时，收到两个募捐信封，其中一个标明是专门给海地募捐的，牧师在布道过程中放映幻灯片告诉大家之前的捐助多有成效，大家就鼓掌。我各塞了一美元放进去。海地，我真还不知道该国在地图上的确切位置。

不过，进入教会之后，弱者受到尊重而非那种居高临下的同情，这一点还是比较感动人的。认识的人和不认识的人，大家进入教堂之后，成了非常亲切的兄弟姐妹，相互有所需要，就直接出手帮助，这种氛围还是非常亲切温馨的。

三是对儿童和移民们学习圣经、包括学习英语的帮助。这一点可能是比较具体的一个功能。各个教堂，都提供专门的时间和场所，来帮助儿童学习圣经，当然也有帮助成年人学英语的。有的可能是每周一两次提供场所让学生做作业，代替家长照管下孩子。大约也是潜移默化地想以此给孩子们些宗教性影响吧。当然，英语辅导课主要针对移民及其子女，他们在语言能力方面有困难，教会提供了相应的补充课程，可能也期望你在学英语的同时把圣经也学了。这种能满足人家一定需要之后再增加些说教就相对容易接受吧。当然，社区图书馆也提供英语学习课程，教堂也同样提供类似帮助，它们共同合作，对儿童和移民的语言学习共同发挥作用。

这次我到纽约之后，一位曾在哥伦比亚大学访学过的朋友特意嘱咐我代他到他数年前曾练习英语的教堂向两位热心人问候，这个任务还没有完成，下次吧。这也说明，无功利的付出，会给人多么持久的感染力。

四是注意对教会热心人才的培养。主持教会工作的牧师，都是专门的神学院毕业的，在教会中拿工资的，具体情况不好细问。不过，教会比较注意对社区中的热心宗教的人士进行相应的圣经教育。从经济学原理来看，这能够获得免费的工人，可以以较低成本维持与发展宗教活动吧。我所在的这个社区教堂，长年开设有专门的圣经课堂，在主日活动前，有一小时的圣经学习时间，上次我去得早，听了一下，类似于学课文，先诵读，再讲解。你要是真想学，牧师就提供相应辅导，当然也是免费的，以此聚拢人气。我参加法拉盛圣佐治堂的活动时，布道结束后，马上有人和我联系，询问相关情况，这就是有“积极分子”帮助工作的好处，牧师一个人是忙不过来的。尤其是唱诗班，需要有一批人来唱，教堂不可能养那么多人，这也都需要“积极分子”的参与。布道结束后的仪式，颇似县官退堂，依仗与队伍整齐庄严，没有这些义务的热心人士，牧师们自己可搞不定。

教会与国家的关系，在西方社会中有复杂的历史，图书馆中也有不少相关的研究著作。太复杂的东西不必多说，它在社会治理方面的功能，从我的观察来看，大概有如下方面。

一是维持或提高了社会的伦理同质化水平，也包括提高了人们的一般教养水平。

信仰决定人的世界观，当人们受到同样的宗教性规训与教养之后，他的整体素质确实提高了，社会关系也就容易和谐了。美国传统上是一个以基督教信仰为主体的国家，最强势的宗教可能是基督教。大家都有相近的信仰体系与价值观念，社会交往就有稳定预期，整体的运行效率就可以大大提高。布道完大家互相握手问好，满面笑容，这个仪式是非常有意义的。

不过，近几年来，随着移民的规模与速度迅速提高，基督教在美国的主导地位有了较大变化。在各国移民聚居的社区中，有了不同的信仰体系，这对美国教会的社会教化工作构成了巨大挑战。可以说，几乎世界上任何宗教都能在纽约找到吧。这次我在布鲁克林唐人街，华人的佛教和道教的场所都见到了。这么复杂的信仰现实使得美国教会遇到的挑战不小。

不过，整体上来说，基督教会和它的教堂，还是对社区居民的信仰有着比较大的作用。华人也习惯经常到教会去，进入教堂之后，你多少会受到一些影响，然后教会就能够对你进行相应的“思想政治教育”了。

二是对社会弱者有比较直接、到位的帮助，具体地增进了社会的和谐安定，消除了不少社会隐患。我感觉，教堂的工作类似于分公司，它在自己的辖区内创造性地开展工作。教会的各种帮助因为并无功利目的，也不求回报，对接受帮助者的心理压力比较小，有其缓解社会矛盾、解决社会问题的有效功能。很多时候，政府可能不太清楚弱者的具体需要，钱花不在刀刃上。而处于社区中的教会，对其成员的生活可能比较熟悉，就可能提供更有针对性的帮助。过春节时到新泽西，听朋友讲，社区中的教会如此热心，孕妇需要的如童车、尿布之类，他们就会送来，竟然还有志愿者来送营养餐。他认为你可能需要帮助，于是就出手帮助了。

教会自己不事生产，其运行经费主要是募捐来的，它的钱有相当部分还是用来帮助社区中的弱者。在门口的圣雅各堂提供了免费的主日午餐，不过人多的教堂就不能提供了。吃饭这件事，对生活困难者大约算是“精准扶贫”，对其他人可能是提供了一个交流机会。这是长年如此的投入，花费还是不少的。法拉盛圣公会的圣佐治堂的办法是吃饭交钱，两美元吃一次。我去那天听到负责人在饭前对大家说，“今天人少，大家可以多吃点。”有的人就去盛了第二次。

门口的圣雅各堂年底报告财务账目，说是结余相当多，其经费来源主要是大宗的捐助。法拉盛圣佐治堂则提供了上月的经费报告，他们的收入状况真是非常不错。虽然主日活动会进行捐款活动，不过数目应该不会太多，可能找大户募捐是个渠道，有钱的人往往忙，不可能做具体慈善工作，教会就以自己的组织优势把这个工作接过来了。

三是提供精神安慰与心理疏导，增强人们对自己生活意义的确认。现代社会与传统社会相比，有些特点是不利于人的精神健康的。

大都市的生活方式导致社区日益削弱其亲切感和亲密度，人们长年生活在陌生人中，其实往往增加了较多的心理紧张度，对心理健康是不利的。美国虽然有许多小城镇，不过由于人们过度重视个人“隐私”，一般人都会觉得打扰他人不礼貌，就减少了许多工作以外的社会交往。这使得美国人的人际交往与活动的密度严重地少于中国人。“好山好水好寂寞”，是中国人到美国的最大感慨。好是好，可怎么就没有意思呢？解决之道就是增加交往。和谁交往？教堂就提供了一个渠道。

社会的世俗化则使得功利性压倒了神圣性，生活意义大大削弱。长此以往，人的精神不免抑郁。如果有一个近在身边的场所，且有人组织，就有机会进行工作以外的交往，和人接触，培养起亲切或者亲密的感觉；再加上一些宗教性活动，可能就会使人的生活意义有所寄托。教堂会在主日活动之外，额外对有需要者提供相关服务，比如要和牧师交谈啦，希望参与坚信礼啦，这对及时解决个人的精神信仰与心理问题是有好处的。说实话，唱圣歌时，我似乎也有一些之前没有过的体验，毕竟有的体验需要特定仪式与氛围才能感受到。比较起来，中国人民的生活还是太俗了，也俗得太久了，吃饭和娱乐毕竟很难把生活提升到精神层面，我们“精神文明”建设这一手确实是过于软。这大概也是好多社会问题不断产生也无法解决的原因，心病还要心药医嘛。

总结起来，教化普通民众，使得大家能够保持“三观”的大体相似，人们才能有共同的认同，这就为社会交往提供了稳定的预期；扶助各类弱者，提升居民日常生活的便利性、增加生活的安全感与舒适感，把不少不安定因素消弭于无形；强化价值确认，定期进行一般的或特殊的信仰维护与心理疏导，维护大家在庸俗现世生活中的积极意义，就是苦日子也得有个办法忍下去不是。这些可能就是美国教会在治理方面的主要功能。这些方面的作用颇为细致，润物细无声，是比较柔性的，在经济上也还是非常高效的，颇值得我们借鉴。

在考虑教会的治理功能时，让我经常想起的却是中国的党支部。大约是因为教会也是扎根基层、服务基层人民的。不过，中国的党支部更多地体制化、正式化了，虽然从事思想与精神领域的工作，但它手中掌握的权力与资源比较多，就有了工作惰性，有了官架子，明显地“脱离群众”。教会的资源因为要从社区来，工作成绩好不好，能通过社区居民的口碑感受到，就保留了较突出的亲民姿态与草根气息。这个问题比较复杂，也很有趣，就留给有心人思考了。

（2017年2月19日）

爱因斯坦故居前的遐想

上个周末得暇，再访普林斯顿大学，这次专程看了爱因斯坦故居。关于爱因斯坦的故事比较多，我则是读王浩的《哥德尔》一书时对爱因斯坦和哥德尔的日常生活有一些了解，因此比较好奇。据王浩介绍，哥德尔和爱因斯坦两个人其实是不用到高等研究院坐班的，他们愿意去上班，主要是享受两个人在路上散步时的交谈。

上次来，看到了高等研究院，没有看到这所故居，有些遗憾。这次朋友开车，我看着地图导航，直接到了故居门前。

就是普普通通的马路边上的一座房子，和其他的房子没有什么区别。要说有区别就是，这家门口有特别的提示：“私人住宅，禁止穿越。”其他房子前没有这个。可能会不时有人来拍照，有的人可能会到人家的走廊上去，所以人家嫌打扰。

原来，这位科学名人的故居，现在还住着人，现在是人家的房子。因此，这所故居除了谷歌地图上有一个标记外，并无其他标志提示它和爱因斯坦有什么关系。

我有些诧异。如此伟大人物的故居，居然没搞成个博物馆？没有搞个让人凭吊瞻仰的气氛？

朋友的解释是，美国人可能不会像中国人那样过分崇拜名人，名人太多了。各行各业都有牛人。

而且，普林斯顿的牛人确实太多，可能没有法搞成专门的纪念场所。给这个人搞了，那个人搞不搞？再说，得诺贝尔奖可能也很难说是个标准，科学上的贡献，有时候说不准谁大。

这个我理解，学科中的贡献，有时可能是那些默默无闻的人做得更多，名气大的人未必贡献大，所以才有学术评价的难题。

故居门口是条马路，现在车来车往，其实已经有些喧嚣。七十年前应该是比较安静的。没有地方可停留，就走吧。

可能已经习惯了这样安静的生活，现在很难有什么新奇感了。不过这个故居还是让我想了好多。

普林斯顿大学为什么没有把故居搞成爱因斯坦博物馆？可能的解释是，人家不缺牛人，光得诺奖的就四十一个，而且没有得诺奖的牛人也更多。也没有那个必要，没有人会成天仰望其他牛人，大家都在努力追求自己的专业精益求精，让自己也牛起来。而且，谁说人一定要成功、要牛？让自己的人生充满意义，本身就是所有人的目标。成功的人没有谁是为了成功而努力工作，而是为了生活有意义才不愿意虚度日子。如果价值观是那样，成不成功，其实有什么要紧。

不过，前提是，你能从容地保持这样的生活态度。普林斯顿在这点上就做得非常难得。据朋友介绍，纳什疯了之后，大学就养着他，什么事也不用干。可惜纳什自己命不好，得了诺奖后，人倒也正常了。呵呵。出去讲课，打的士，出了事故，死了。这个人的故事拍成了电影《美丽心灵》。

生活应该是丰富的和多样的，人的生活目标也应该是丰富多彩的，而不应该过于单一，那样会造成一种对生活可能性的压缩，甚至对人生意义的专制性压迫。现在我们自己包括孩子们，其实都面临着一种必须成功的要求，大人的成功压力大，不过，许多大人自己没混好就走退路了，把压力交给孩子。这导致孩子的压力非常大，只能勇往直前，而不考虑他有没有这个能力。因此，许多不可理解的事情才会发生。

其实，不妨慢一些，宽松一些，从容一些，自由一些，无可无不可。

当生活的道路有许多条、成功的定义有无限种时，人们的追求就向各个方面打开，生活就不断地展现各种可能性，世界就丰富起来，生活也就充满了各种趣味。创新和创造就自然地发生了。不是说我要创新，就会有创新的。

我们社会中的缺点可能是，功利性的目标过于重、过于明确，导致生活意义单一化。这虽然对成功来说可能有些效率，不过，对人们生活的世界来说比较惨淡，对人生来说比较可悲。在获得成功的同时，是不是包含着一种根本上的失败呢。成功是个人性的人生成就，而不是对他人的相对比较优势。“多得一分，灭掉千人”，这种竞争性口号把成功搞成人际斗争，同时在成人世界形成新的阶级差距，确实比较残酷。

再随便散步走走，看到了爬满常春藤的大楼，所谓常春藤盟校就由此得名，赶快拍照。看到一个钟，这是什么，原来是纪念普林斯顿大学在9·11事件中遇难的十四个校友，地面上十四块石板围成一个圆形，石板上写了他们的姓名与毕业年级。在树下石凳上坐了一下。回来一查，遗憾没有拍下照片。光顾了体会那个感觉了。

不把爱因斯坦的故居搞成专门的纪念场所，倒给那些死在灾难中的并不太有名的校友搞专门的纪念地，这也是一种价值观。

前几天读文献读到个新词儿——“分域权威”，社会发展进入常态之后，各个领域都会产生自己的权威，各行各业都有牛人，这些人就成为专业权威。对于社会具有普遍覆盖力的权威，就被这些大大小小的分域权威给代替了。纽约市各处都有大大小小的雕像和纪念地，也就形成了能够分化那种帝王般权威的力量。

从社会治理的角度来说，其实也是这样：一个社会越是具有合理的权力分层与不同功能的协调，治理也就越有效率。在皇帝式体制下，只有一个权威，取消了其他人管理社会的权力、贡献社会的机会。皇帝虽然名义上有权，却没那个时间和精力，不得不任用私人，那就是太监和亲随的弄权机会了——正式制度无效，潜规则必然生效，名实分离，人格也分离，从而成为一种非常无理的制度。

为什么我会奇怪普林斯顿大学不把爱因斯坦故居设成博物馆，也许就是我还习惯崇拜那些名声大的权威。其实，不只是我，我们可能都习惯了仰望他人——那些其实金玉其外而已的权威，而将自己的主权拱手让人。科学上专业上如此，治理事务上可能同样如此。

（2017年3月28日）

9·11归零地的遐想

最近学校考试，图书馆里人太多，座位都不好找，效率大受影响。今天天气晴好，就专程到9·11事件的归零地去看了下。

从地铁R线的Cortlandt St站出来，就是飞鸟车站，一开始还走错了，按谷歌地图的导航又找回来。这附近高楼多，风非常大。不过，中国的大城市都已经不亚于曼哈顿了。

因为有文字标志提示，事先也在地图上看过介绍，当看到一片平坦的公园，绿树掩映之中有许多人在走动，就知道这是归零地了。人们基本上都是来此地的，回过头还能够看见飞鸟车站那对巨大的翅膀。

没有遮挡，也不收费，就到了近前。人不是太多，一个方方正正的大水池，水从平台流下去，水池正中，是另一个小正方形的井口，又从那里流下去。无休无止，无言。大家都凑在边上往下看，这场景其实是一览无余的。不过，设计者可能是要给大家一个庄重与严肃的感受，你想到了什么？生命、幸福、永生？不同的人可能会想到不同的事情吧。

沿着水池的边缘，是斜坡形的铜板，上面刻着在9·11事件中不幸遇难者的名字，名字非常多，密密麻麻。是的，那些双子塔里工作的精英，现在变成了铜板上的一个个名字了。抬头看四周，现在的这几座摩天大楼里一定仍然聚满了忙忙碌碌的精英。第一次来这里，上一次来还封闭着在施工，就在旁边的圣保罗教堂看了展览，是全世界的人们对9·11事件的各种悼念。

现在来的人们有些可能是外地来纽约的游客，有的则可能是带着小孩来这个公园休闲，推着婴儿车，带着奶瓶。偶尔有人照相留影。阳光明媚，气氛比较轻松。

再往前还有一个水池，是双子塔的另一座。几乎一模一样吧，大家也是围着水池看，池边上仍然是满满的人名。

在树木间的石凳上稍坐了坐。想起当年9·11事件发生时，我正在宁波市工作，当时事件发生时周围人们的反应还如在目前。现在坐在此地，颇觉世事不可想象。不过，在纽约住了这么久之后，慢慢体会到了美国人的日常生活和大致情感，有些想法和过去不同了。

如果在中国，我们会怎样处理这个地块呢？我估计一定会是建起一个更宏伟的新双子塔，宣示我国人民是不会被吓倒、不可战胜的。最关键的考虑可能是功利目标占了上风，这么好、这么大的商业地块，寸土寸金，就搞个不收费的公园，岂不是太浪费了？那得牺牲多少GDP啊。

不过，面对着这个场景，不由得想，他们为什么会决定搞成现在这样的归零地。

纪念逝者，就要真的纪念。就必须要保留一个纪念地。如果重新建起新大楼，那些逝者呢，怎么纪念？这个想法可能就非常有说服力。估计其他人很难反对。功利的想法就无法提出来，也没法说服其他人了。

纽约人对世界各国人的包容心，可能是几十年来养成的习惯，各种奇装异服、怪模怪样的人，在这个城市里如鱼得水、游刃有余、轻松自在，不能不说，它几乎能容纳一切价值，即使他不赞同你，也没有人阻止你，除非违法。价值观的力量比较大，这个理由就够了。

在细节上，值得注意的是，主事者把每个遇难者的名字，都刻下来了。这个真实的事实，就具有非常强烈的感染力。我们在这点上可能就比较马虎。也许会把遇难者中比较牛的人写下来，但估计不会给予所有人以同样的待遇。不仅是人多的问题，而是是否愿意尊重人的问题。我猜想，我们骨子里并不愿意承认人格的平等。人怎么可能是平等的？你是什么级别？你算老几？被贬低的人也自动地接受这个贬斥，因为，接受就没事了，如果反对反而会遭到更强烈的贬损。这不需要举出例子。

这个设计也不错。其实公共建筑设计不必要复杂，越是简单，越具有丰富的阐释可能。大家在这里，看着水流不间断地消失，如果再是个阴雨天，嗯，各种复杂的人生体验都会涌上心头。不用多说，这就够了。

休息好了，就打算离开了。旁边是9·11国家纪念馆，人也不多，买票可参观，不过没进去，还从飞鸟车站坐地铁离开。

这个文章要提交给地方法制研究中心的公众号，就还要回到治理的主题上来。参观完了归零地，它对治理有什么意义呢？我想到的是，现代国家的心理认同问题。

现代国家是个新事物，它以超越血缘与其他传统关系的方式，建立起了一个仅仅以地域为纽带的巨大政治法律实体。现代国家的诞生比较复杂，语言、宗教与经济联系起到了重要作用。不过，那些在法律上被划定为属于国家疆域内的个人，对于国家的情感与心理方面的主观认同，则是现代国家的重要基础。安德森教授有一本书《想象的共同体》，论述到建立在主观心理基础上的现代国家的发生。具体地，国家认同需要有若干的具体措施，它可能包括制度、利益、仪式等等。比如升国旗就是一个仪式，天安门广场那个就搞得非常不错。但是，在9·11这种重大灾难事件设立纪念地，则同样是非常重要的培养公民对国家认同的重要机遇，这个做法值得借鉴。

发生了这么大的事，死了那么多的人，人不能白死。要把死亡与灾难变成增加国家团结与培养公民认同的重要情境与机遇。那些来来往往的人们，固然有不少是外国人，但多数还是美国公民，当一个公民来到此地，他看到了历史的现场，但他更看到了国家的态度：所有的公民们，你们是平等的；国家没有忘记你们，名字就在上面。当然，对于非美国公民，也能够感受到一种平等的悲悯：所有不幸的人们，美国没有忘记你们，你们的名字也在此受到永久悼念。

如果今后中国的重大灾难，也能对每一个遇难者以真诚的关切与平等的悼念，也能建立具体的纪念标志，让那些死者不白死，让那些历史不留空白，那么，普通民众必能更具体地感受到：国家在乎你、国家尊重你！这个社会关心你！死去的人已经死了，活着的人还活着，他们对国家的认同与制度的尊重，关乎这个国家未来的走向。具有强大凝聚力的国家与民族，一定会聚集起更强大的建设性力量。

也许有人说，我国非常团结啊。在我看来，目前更多的是文化认同在代替国家认同，中国话与中国饭比其他的东西给中国人民的认同提供了更多的基础。我在帝国大厦旁边看到西安小吃店时心里涌起的那份亲切与馋劲儿，马上提醒了我的中国身份和西安印记。在真正的国家公民认同与提供国家合法性基础的建设工作方面，我们还是有很多的工作要做，只有这样，才能为今后的国家治理奠定良好基础，也才能经受住未来出现的各种挑战。

（2017年5月4日）

纽约地铁中的乞讨者

在纽约生活半年了，天天在地铁上咣当咣当，逐渐熟悉了从家到学校的线路，基本上记住了沿途的站名，也熟悉了地铁这个环境。第一个星期是每天都会坐错车，现在能写出纽约地铁攻略，在地铁站内给人指路，也是个纽约客了。纽约印象有许多，说说地铁中的乞丐吧。

地铁上经常见到的就是那几个乞讨者。

有的是以表演的方式乞讨，唱个歌啊，拉个乐器啊。表演结束后，手拿个帽子或纸杯，从车厢走个来回，看有没有人给钱。一般总有几个人给钱的。

有一个中国老头儿，吹笛子吹着《好一朵茉莉花》，听来真是好熟悉、好亲切。

有两个南美裔妇女的办法是在车厢里把小包的餐巾纸放在乘客旁边，上面附一张纸，写有“我是两个孩子的妈妈，需要帮助”什么的。第一次我就给了一块钱，后来换另一线车，上来个男的也是这套路。后来就心肠硬了，不献爱心了。

一个老年男子，人高马大，一般在下班时的车厢出现，基本上是这个套路：“女士们先生们，你们要回家了，可我没吃的、天气又冷，行行好吧。一毛钱也行。”没有任何的剧情，这也太应付了吧。

学校的地铁出口，经常有两个人守候。一个胖胖的中年大个子黑人，站在那里，笑嘻嘻地对人打招呼：“Excuse me？”我也不理他。不过走过去时还是不好意思的，好像欠人家的。另一个是老年妇女，坐在台阶上，念念有词：“谁给俺点零钱呢？”这俩人不会同时出现，不知道是不是有默契。有时候，我从地铁出来，发现出口处没人，嘿，还怪惦记他们呢。好家伙，你们旷工了啊。夏天了，他们好像也不见了。

有一组黑人小伙了的办法是表演杂技。主演那个，离开车厢中的柱子几步，一个箭步上竿，做各种动作，比猴子都灵活。怎么练来的？另一个人就敲着节奏算伴奏吧，第三个人拿个帽子来回收钱，不过还会往你跟前凑一凑。这个车厢结束，就到下一个了。

有时对表演者，大家会拍拍手，表示个意思，不一定非要给钱。

有的就说不上来算不算乞讨了。

两个黑人小伙子，推个装满塑料包装的小推车，卖零食，饼干啊什么的，也有矿泉水。这算是卖东西还是算乞讨，不好说。

地铁站里大的换乘车站，空间比较大，人流量也大，除了经常有教会的传教工作人员外，经常有表演的。

在亚特兰大—巴克勒斯中心站，有好几组。经常有两个打鼓的黑人，在不同的位置，表演得不错。还有一组表演歌舞，水平不错，不用票就能免费看啊。在曼哈顿唐人街的Canal站，也有一个家伙在打非洲鼓。有一次不记得在哪个站等车，对面站台传来了优美的美声，听得就呆住了。也经常见到站台上拉小提琴的。不过，感觉艺术家在纽约要难一些，比欧洲不容易。大家都急匆匆地路过，没人在意你的艺术。而且纽约地铁里卫生太糟糕，气味不好闻，人们都不会多待，这些艺人能挣到钱吗？

不过，既然人家能天天这么过，那说明也是能过活的。

有一次一个中国小伙子，站在我面前要钱，说，给他一美元。理由是他没有钱买东西了。我掏给了他，不过有些不快。老外乞讨，不会和你面对面（这样就感到被人打扰了），只是从你的旁边经过。至于吗？在中国不会有这个感觉，人们经常要挤到一堆。在这里，人们尽量避免发生身体上的接触。在地铁上，即使有空位，人家也不坐，而宁肯站着。观察后才理解，大家其实非常不愿意和他人有身体上的接触。当然，上下班高峰就没办法了，也得接触了。不过，一般情况下资源没那么紧张。像广州三号线那种情况，估计美国人会觉得“不人道”吧？这当然是资源比较丰富的原因吧。应该说，中国公共设施的资源配置明显还是存在短缺，明显地不能满足人民的需要，党和政府还得继续努力啊。

地铁上有乞讨者，许多地方也可能会有，在时代广场可能会有人扮演自由女神，举个火炬什么的。那地方人多热闹，估计生意不错。看来，在纽约，乞讨大约也能生活下去。没有城管来管管？好像没有。

显然，纽约乞丐数量不多。我天天来去，也会到曼哈顿去逛逛，看得多了，也就只看到那么几个乞丐。基本上就是那个套路，你给不给都由你呗。没人管。从治理的角度，怎么看待这些现象？

首先，政府不怎么管，应该是治理的高明之处。我在纽约期间基本上感觉到没有人管，自由自在。应该说，多数美国人的基本生活还是过得去的，大家都有个事情做，不行了乞讨下也过得去。社会治理的基础，其实是让每个人都有个谋生过日子的办法，都有个活路，有活路他自己就会忙着了。

由此想到，不减少、不消灭人的活路，是政府治理的第一原则吧。如果他自己给自己找活路，你起码要鼓励他，至少是不管他，让他自生自灭。我们可能还是干预得多了些，可以适度放松一下相关的管制，让人民以自己的方式谋生活，不设置太多的障碍，不必刻意地提高城市生活的美观程度。生活水平到了那个程度，他自然就会追求更高的层次的。这大约符合老子的话：无为而无不为也。

其次，政府给穷人托底，解决了多数穷人的生计。仔细观察，乞丐和乘客的表情差别不太大。有的乞讨者，你也很难看出他是乞讨的。当然地铁不是正式场合，美国人穿着比较随便，不容易看出你的社会地位。不过，这也说明，在这个社会里等级标志是比较模糊的。

有一个重要原因在于，许多人虽然生活不怎么好，但由于覆盖面广的社会保障制度，他的生活就基本可以维持了。一些偷渡到美国的南美人民，生个孩子，政府给钱补助你养孩子，一连养上几个，基本上把家长大半生的生活给Cover了。孩子吃不了的家长也可以吃。穷人能从政府得到各种保障，不至于铤而走险，那不值得的。这可能也是它问题多多而社会还算和谐的原因。

地铁中也有各种广告，其中有纽约市的广告说："纽约人，了解你的权利。"显然，各级政府可以通过保障公民权利来获得自己的利益。这个问题比较复杂，简单说，从公共经费中切出一块来自己管理着，分配给穷人们；而且还天天要求不断提高经费额度。估计他们的官僚与穷人的利益有某种捆绑式的共存关系吧，至少政治家要靠呼吁这些事来不断提高其政治影响力。

第三，社会的和谐程度还是不错的。从给乞丐给的情况看，南美的乞讨者，给钱的是南美乘客；中国的乞讨者，给钱的也以中国乘客居多。某种心理上的认同，还是在起作用。实际上，除了我们看到了现象，各种族自己的一些机构也在起作用，在提供帮助，这可能也是不少马上面临乞讨困难的人没有来乞讨的原因吧。政府之外其他的各种社会组织，比如我看到中国福建各地的老乡会什么的机构，也在给困难者提供资源，使得社会弱者就渡过难关了。

纽约基本上是个联合国，世界各国人都有，各种宗教信仰都有，什么穿着也都能见到。各个阶层一起混杂着在地铁和其他的公共场所天天出没。当然，太高大上的场合我没有出席过，但这么多差异极大的人，混在一起，还能井然有序，还是要承认人家在治理上的优点。原因应该在于，政府划出行为界限，大家在自由范围内各行其是。地铁车厢中，基本上人人各忙各的，看书的、看手机的、听音乐的，我也就这样在地铁上一天天地从去年驶到今年，从冬天驶到了夏天。

不和谐的情况也有，我见到了两起。一次在宾州车站大厅里接人，一个黑人向人要钱，人家没给。这家伙居然破口大骂。被骂的白人男子站着并无任何反应。这事让我觉得好奇怪，你怎么还骂人，真有理啊！穷人就是这么横！另一次是在地铁车厢里，一个南美裔女孩往乘客旁边的座位发餐巾纸讨钱，一个男的直接把它给扔了，说：你怎么不去上学？那女孩怒目而视，然后就继续自己的事了。这种不礼貌的情况非常少见。其他时候基本上都没什么事儿。

相比美国，中国人种相对单一，没有种族问题；宗教问题也相对和谐，老百姓安分守己，基本上是不生事不惹事的过习惯了，因此治理要容易多了。不过，近年来社会冲突现象多了些；而且，当中国作为大国在世界上发挥影响时，美国的有些问题可能也会在中国出现。广州就出现了黑人聚居与非法居留问题，形成了一定规模的黑人区。这些新问题对治理的挑战是不小的。未来还是要走向以公开与透明规则治理的路径。在同一规则下，人人对自己的行为有所预期，社会和谐就有基本的保障了。

（2017年6月13日）

为什么美国名校能够在乡间生存？

在中国大学体系中学习工作多年，同学朋友也多在大学工作，这些年来走了不少国内外的名校。到美国后，心中不禁涌起一个问题：为什么美国一流大学能在乡间生存？

读美国历史知道，美国历史上曾经有过赠地法案，鼓励各地办大学。那个阵势和中国“大跃进”时期县里都要办大学的阵势有的一比。不过，美国的大学长期以来水平不高，很被欧洲人看不起。美国人多要到德国留学镀个金才行。二战欧洲一乱，才使得美国高等教育崛起，形成了大学的美国模式，与英国模式、德国模式并立，现在更有压倒其他模式独步天下的势头。但一个值得注意的现象是，美国的大学多在乡间。

具体来看，美国一流大学中，哈佛和MIT在波士顿边上的剑桥，算是在中等城市吧（波士顿有美国的雅典之美称，美国人民估计不会答应这种中国式评价），芝加哥大学在芝加哥市南郊，这个算是在城市中吧。可是其他的大学所处位置就比较偏了：普林斯顿大学绝对是在乡下，普林斯顿小镇人口少得可怜。斯坦福大学在Palo Alto，离大城市旧金山还得一两个小时。耶鲁大学在纽海文，这个镇也因耶鲁而有名。加州理工大学远在洛杉矶北郊帕莎蒂纳小镇上，在乡下。康奈尔大学，远在纽约州的伊色佳，那就是个小镇，中国访问学者戏称它为“伊村”，郭烁教授居然说它的环境是“九寨沟”。其他名校，伊利诺伊大学香槟分校，在香槟与厄巴那两个小镇中间。属于常春藤盟校的布朗大学，在罗得岛州的普罗维登斯，这地方你就不大可能听说了。我待过的迈阿密大学，离迈阿密市中心车程几十分钟吧，其校园其实位于一个独立的城市——珊瑚墙市。

美国如此，其实英国也是如此。虽然伦敦大学在伦敦，不过，比它更牛的牛津和剑桥两校，却都在伦敦北面的牛津与剑桥两个小镇上。2015年我到剑桥去，暑期毕业季的游人把这个小镇挤得像赶集。英国皇家王子们喜欢的名校圣安得鲁斯大学，女儿告诉我，那地方连火车站都没有。那就真是不能再土的乡下了。

当然不能说大城市没有好大学，纽约的哥伦比亚大学和纽约大学，这两所大学也是名校；英国伦敦的伦敦大学和帝国理工大学也是名校。但上面这些印象概括起来，美国（包括英国）虽然城市中也有名校，但一般地名校多在小城镇。这似乎是一个规律。

比较起来，中国的大学必须得在大城市。不在大城市的，基本上很难吸引人才，而且东部比西部、中部容易吸引人才，北京上海比其他城市更容易吸引人才。改革开放初赫赫有名的西安交通大学、兰州大学、合肥的中国科技大学、哈尔滨工业大学，就始终面临着发展的困难。近年国家对中国大学支持的规则将有变化，新一轮的人才大战已经开始，地理位置不利的大学就面临着又一轮的人才流失危机。

如果在中国，普林斯顿那小地方的教授，还不都被吸引到纽约去才怪，要知道，它到纽约曼哈顿的车程也就一个半小时。伦敦大学也早就把牛津和剑桥的牛人给挖走了。其他的非中心城市的大学估计也得被中心城市的大学挤垮掉。但这么多年了，这种事情没有发生。原因是什么呢？

从我的有限经验来看，大概有如下几个原因：

首先，美国城乡差别不大，比较之下乡镇的宁静氛围可能更适合大学师生的日常生活。

科研这个行业，所发生的联系主要是全国性与世界性的，你与当地的城市设施以及其他便利生活虽然重要，但也就那么回事。而且，由于在乡村或小城镇的自然环境要比大城市优越，美国人对于那些价值可能更看重。“大”地方的那些好处，我不需要，“小”地方的那些优点，实在迷人。比如，普林斯顿大学的宁静、康奈尔大学的瀑布与优美湖泊，这你在大地方可找不到。

反过来，中国的城乡差别、大小城市的差别可是比较严重，城乡隔绝硬性把人民分为农村户口与城市户口，即使是城市户口，如果不是北京户口，你的子女的受教育权还是会受到剥夺。这个就不仅仅是城乡差别的问题了，中国未来改革的任务还非常重啊。

其次，大学有自己的经济资源，尤其是一流大学，生存相对独立，未必依赖当地经济。

美国大学拥有独立的自治权力，大学校长的地位相对超然，不大容易受外界影响，私立大学更是如此。政府和个人很难通过经费对大学施加影响。钱，你可以给；事，你不能管。这样不管谁掏钱，对大学的干预都基本上很小。当大学能维持自己的自治权力时，政府与大公司就指挥不动，它就按照老样子发展下来了。要像中国这样，政府或企业家给一笔钱说，你在我这里搞个校区，比如哈佛大学来纽约搞个校区，这个不可能。人家不缺那个钱，人家的董事会也不会同意这么乱来。

当然，美国也一样，工资高的学校容易吸引人才、设立讲席。伊利诺伊大学香槟分校所处地区的经济相对困难，导致大学日子也不好过了；离纽约近的位于新泽西的罗格斯大学，就相对要好些。经济因素确实是个重要因素。不过，由于美国的社会财富相对分散，大城市虽然经济实力强，但它们并不可能成为大学的主要投资者。大学的财力更大程度上由自己的声誉决定，比如自己教授的学术权威竞争获得科研经费，自己有成就校友的倾情资助，甚至是其他有实力人士的志愿捐助，反正越是名校越不缺钱。因此，大学就能固守自己的传统继续发展。

第三，大学的超国家性与美国政府搞政绩工程难。

美国的政府虽然预算也不少，但都有必须安排的事项，政府官员尤其是首长对政府的预算其实没有多少自主性。蛋糕是大，但份额早就划定，钱基本上都得用于人民福利，大规模地改变分配绝不可能。这样，大学就不可能成为官员的政绩工具，大城市官员不会妄想指挥大学如何如何，也就难以提供各种优惠条件吸引大学来搞政绩工程。

另一方面，美国大学有自己的超越功利的存在目标，往往会和政府对着干。大学，尤其是一流大学，基本上都以考虑世界大事和人类大事为目标，美国国家利益什么的固然有人会考虑，不过，更牛气的大学教授往往以全人类利益和全人类价值为目标，包括“为学术而学术”的传统，使得大学相对地以自己伟大的传统为骄傲，这当然也包括独立自治的传统。他们不会理睬其他的势力，它本身就是一种强大的独立势力。大学及其教授以知识、价值、道德为追求，以培养理想的人、完善的人为追求，不屑于那些功利的、狭隘的目标，这其中也包括狭隘的国家利益和政府利益（这个话题在中国可能还太早）。乔姆斯基那样毫不给国家领导人面子直接批评美国国家政策的教授并不少。

中国大学如果离开了政府的经费，真还不好说它能不能生存下去，因为，除了党和政府手中的资源，你不可能再找到其他大投资人了。政府之外的其他单位，既没有能力（社会资源公有制的主导地位）也没有胆量（私法主体相关权利缺乏保障）对大学进行大的投资，李嘉诚对汕头大学的投资属于例外。这可能涉及社会资源的分配与政府的规模问题。

中国大学为了中华民族的复兴努力，是值得肯定的。不过，如果要成为具有世界性影响的世界一流大学，可能还要超越相对狭隘的民族视野与国家界限，成为世界文明的灯塔。学者能够放眼全球、胸怀天下是非常重要的，尤其不能成为各级领导的应声虫。在中国已经崛起并有意要对世界有所发言时，中国大学至少要有对世界现状比较了解、对世界未来有所规划、对其他世界的重要力量有清晰的认识。如果仅是为领导的想法进行注释与论证，那思想就太局限了。目前，中国大学在此方面可能非常不容乐观。对各级政府官员来说，一流大学的态度应当是：钱，你该给；事儿，你就不要瞎指挥了。做到这一点估计还得二十年吧。

第四，美国人对自然的热爱与对精神生活的珍视。

这一点前面已经涉及，不过值得专门说说。美国人对自然的热爱与对精神生活的珍视，是一个重要因素。这导致它们不喜欢太热闹太嘈杂的氛围。

中国人多，自然被人的生活改造得太过分，在中国久了，已经很难体会到真正的自然。城市的公园里，红尘万丈，广场舞总是喧闹着；旅游区里，铜臭味浓，排队、交钱、受罪，人还源源不断；偏远的乡村则日益破败，没什么生气。在中国哪里还有自然，哪里还能聆听自然的声音？在地图上看中国大地，真觉得是满目疮痍，需要好好善待我们脚下的土地了。

美国人对自然是有感受的，包括对于动物、植物生命般的同理心，这是在长期生活中形成的一种感受。朋友说，美国人对捡拾地上坚果的中国人说，你们不应该捡，这是松鼠的食物。还有什么道理？我们要能具备这样的观念，可能还早着呢。

精神生活，包括熟悉的社区，尤其是亲近的同事关系，以及长期保持一种稳定生活方式与生活节律，对于美国人，应当是有意义的。虽然新一代年轻人也在变化，不过，重视精神生活，就使得物质生活上的改善即便有些便利，吸引力也下降了。这当然是比较奢侈的事情。美国得天独厚的自然条件可能也是其他欧洲发达国家所没有办法相比的。不过，大学的建筑设计、园林规划、生活设施的安排，其实是可以做不少改进的。

最后，应当说，美国大学本身内容丰富，也使其位处什么地方并不重要。

美国大学可能不同于中国大学那么简单，就是个上课与上自习。它们往往有自己的博物馆、艺术团体、各种俱乐部，大学自身就是个社区，不但不需要社区提供什么，反而能够贡献于社区。比如耶鲁大学、普林斯顿大学本身就有不亚于一个城市的丰富内容，而且因为人的趣味相近，可能还更加纯粹。纽海文因耶鲁大学而提升了地位。它们的生活本身就非常丰富，大学是一个充满活力的社会世界，这一点中国大学应当有所借鉴。中国有得一比的是“吉林市在吉林大学”一说，大家是把它当笑话讲的，吉林大学还要努力啊。如何让在北上广这种花花世界上大学的孩子们愿意花更多时间在学校里，参与学校的活动，在学校中取得优异的学术表现，本身是一件值得投入的事情。也许有人说，我们的团体也不少啊。不过，它被组织的痕迹过重，自组织的程度较低，不少学生干部身上的官气过于重，当然这也方便适应社会啊。适应社会，一个多么腐朽的词汇！这些都应当有所改进，大学要与时俱进地把年轻人生活的自主权交给年轻人才对。

中国大学的老师们，有的人自己可以过平淡安静的生活，不过，为自己孩子考虑，就觉得还是要到大城市、中心城市尤其是到北京去。北京高考容易啊，大城市教育资源集中啊。在高度竞争的情况下，大人孩子都已经输不起了。今日中国大学教师每天花在通勤上的时间太多，在校本部、分校区和住所地及孩子的学校、孩子的课外补习学校之间折腾，加上大城市严重的堵车、行政化等问题，就已经把每天的精力给耗没了。中国大学还能维持目前的水准，已经是相当不容易了。这些问题，就不是这篇小文章所能考虑的了。

写到这里，不知道到底是解决了问题还是提出了更多问题，呵呵。

（2017年3月18日）

华盛顿旅行杂记

八月份在美国东北部旅行一圈，走过了不少城市乡村，有的地方已经是第二次、第三次经过，不免有许多感想。今天就说说在华盛顿D.C.旅行时的一些观感。

美国是个移民国家，因此，国家认同就明显缺乏其他国家那种强大的传统资源。无论是建国初期还是在当前，美国的国家认同始终是一个突出问题。建国时期，有人认同英国，有人认同其他国家，有人认同美国自身。比如，富兰克林叔侄两人就完全持不同政见。当下的美国更是色彩斑斓，文化与种族的多样性带来了政治观念的多样性，国民内部的那种分裂已经遮盖不住，令人担忧。已故美国政治学家亨廷顿教授曾有《我们是谁？》一书，专门讨论美国的文化认同与国家认同问题，国内也有中文版。当然，亨氏最著名的学说还是“文明冲突论”。在美国政治正确的话语环境限制之下，他这说法估计更大可能性是以讲“国际”的面目在讲“国内”。能不能听懂，要看你的悟性了。而听不懂的人事实上也没有影响力。虽然如此，美国还是以自己的方式较好地解决了部分的国家认同问题。说部分解决，是因为美国自身的文化构成太过复杂，当今美国南方的墨西哥化、拉丁化，基督教本身的多样化及伊斯兰教的有力竞争、美国新移民中各种并无归化意图的亚文化群体等，都是未来美国的国家整合必须面对的复杂问题。中国自身这方面的问题不突出，因而难以理解美国的不少弱点。有时不由得替美国的领导们担心，你们治理这个国家确实不容易！

因为是谈旅行的感想，并非严肃的学术讨论，就从华盛顿D.C.的见闻谈起。华盛顿是全新规划的专门作为美国首都的城市，与其他的美国城市相比，它的建筑体现出高度的政治性。

印象最深的是，“乔治·华盛顿”符号非常突出。此城名为华盛顿，是为了纪念美国独立战争的领导人以及开国总统华盛顿的。华盛顿市的人造建筑物，以华盛顿纪念碑最为突出，它远远凌驾于其他建筑物之上，在市内各处都可遥望。美国国会大厦本身，当然也比较突出，而国会大厦中各种突出的政治性符号中，同样以乔治·华盛顿为首要政治符号。国会大厦那个高大的圆形穹顶内部，是一幅《华盛顿升天》的壁画。可以说，美国人在理性的基础上，为自己创造了一个神，他就是乔治·华盛顿。

到华盛顿的庄园与陵墓参观之后，不能不对华盛顿本人的伟大品德更加敬仰。美国之所以能够成为一个巩固的现代民主国家，与华盛顿本人明智的谦虚是分不开的。这也是美国人民内心深处对乔治·华盛顿愿意保持的那种接近于神一般尊敬与崇信的原因吧。从华盛顿本人的经历来看，并不神秘。在我看来，他的军事才能其实比较平庸。打的仗并不多，就这还有一幅油画《华盛顿越过特拉华河》来表彰他。美国人实在不愿意承认他老人家打仗不行。不过，他的坚持、忍耐与合作精神，在困难之中突出的领导力与在艰难过程中树立起来的个人权威，才使得美国能够真正合众为一。最难能可贵的是，他在任满两届总统之后，坚决拒绝再担任这一职务。美国人民普遍地认为，这一决定对于美国民主具有奠基性的贡献。

华盛顿纪念碑内的中文铭文由清朝宁波府赠，引用了中国福建巡抚徐继畬对华盛顿的评价："华盛顿，异人也。起事勇于胜广，割据雄于曹刘，既已提三尺剑，开疆万里，乃不僭位号，不传子孙，而创为推举之法，几于天下为公，骎骎乎三代之遗意。其治国崇让善俗，不尚武功，亦迥与诸国异。余尝见其画像，气貌雄毅绝伦，呜呼，可不谓人杰矣哉！米利坚合众国以为国，幅员万里，不设王侯之号，不循世及之规，公器付之公论，创古今未有之局，一何奇也！泰西古今人物，能不以华盛顿为称首哉！"可惜我到访时纪念碑封闭维修，未能亲见此碑文。

徐继畬的评价，应当说是公允的。那高耸入云的华盛顿纪念碑，确实是令人想见其为人的一个最佳实物，它时刻提醒着美国人民以及到此地的各国人民，有这样一个伟人曾经存在。虽然他已经去世，他所遗留的丰功伟绩，则长存于天地之间。

除了华盛顿，还有一些"圣人"们也成为华盛顿D.C.的突出符号。美国总统比较多，不过，影响大的就仅仅几位，除了华盛顿，其次就要数林肯，再次是罗斯福与杰弗逊了。林肯也有许多故事，不过，从相关材料来看，我觉得暗杀林肯的那位其实是成全了林肯。如果林肯得以善终，他的缺点也会被人们揪住不放，而林肯被杀后人们就善意地原谅了他的各种毛病，几乎成了一位道德完人。林肯也就成为美国梦最理想的代表。

罗斯福与杰弗逊也各有其重要性，虽然他们的重要性相对要弱一些，与前两位相比，他们还少些传奇。因此，在华盛顿D.C.的公共建筑群中，其地位也相对地偏一些。即使如此，能在众多总统中被人们记住，也是相当了不得的事情。表彰圣贤，有多种方式。美国有一座著名的总统山，主事者在巨大的山体上开凿了四位总统的巨大雕像，就是上面说的这四位。

美元上印制人头像也是一个表彰圣贤的重要方式。这些重要的机会给谁了呢？一美元最常见，就印了华盛顿；五美元，印了林肯；十美元，印了杰克逊；二十美元，印了汉密尔顿；五十美元，印了格兰特；一百美元，印的是富兰克林。华盛顿和林肯算是占据了与人见面频率最高的那些机会。不过，中国人肯定是要把华盛顿印在最大面值的钱上的。这就是民族心理的不同了。

用圣贤名字命名事物也是个办法，华盛顿可能是最频繁地被用于命名的，除了华盛顿市，还有华盛顿州、华盛顿大学，华盛顿D.C.还有一所华盛顿法学院，有时让人难以分辨。至于其他的路名、大学名、学院名、建筑物名、讲座命名或纪念基金命名那就不胜数了。不过其他领导人命名的情况也不少，比如，美国大约有八个县以汉密尔顿命名。

另外需要说明，并不仅仅是大人物，对小人物也有所纪念。两大纪念碑和一个公共墓地则表彰了普通美国人。在华盛顿最核心的区域，即林肯纪念堂的两侧，分别有越南战争纪念碑和朝鲜战争纪念碑，这两个纪念碑也是非常著名的公共建筑。越南战争纪念地有一队真人大小的士兵，全副武装，似乎正在南越的热带丛林中行军。朝鲜战争碑，密密麻麻的人名都刻在碑上，黑色的碑面、倾斜的地面，让人不免心情更加沉重。设计者就是要让你有这样的感受：正是这些牺牲了的普通人，是他们，保卫了国家、保卫了我们的幸福生活。

在参观朝鲜战争纪念碑时，身边一个小孩问父亲："爸爸，他们怎么了？"父亲答："他们牺牲了。"问："他们为啥牺牲了？"父亲说："在朝鲜打仗！"小孩问："他们为啥去那儿？"后面就走远了没听到了。哎，从小我家大门外的墙壁上就有一幅标语："支援越南，打败美帝！"多生动的爱国主义教育。虽然现在已经看不大清楚了，痕迹还留着。哎，咱们曾经打过仗，那时我还激动过呢。今天大家都路过这里，阳光明媚，散步休闲，面对面，笑一笑，多好。

阿灵顿国家公墓，是另外一个重要的公共建筑，它在五角大楼那边。此行匆忙，未来得及去。不过，从其他资料上可以看到它的设计，规模宏大，阵容整齐。我参观过其他的公墓，深感对于逝者的尊重与关怀，对于生者有非常深切的感动。

美国人是必到华盛顿的，也必定经历这些公共建筑的洗礼，从而也必然由此生发出一种自豪感、庄严感，或者一种感同身受的国家观念吧。我们都是美国人，我们都热爱这个国家。这个话不必说出，但你是在心中真切地拥有的。

有的研究还对华盛顿城市的道路图案进行分析，认为这里面也大有深意。这个我没有能力进行更多的讨论。就此罢了。

总体来看，可以概括几方面。首先，一个政治符号集中的首都，对增强国家意识还是重要的。华盛顿D.C.作为一个政治性比较突出的城市，提供了一种凝聚国家政治形象，提供国家政治符号，唤醒国民统一的国家意识，庄严的建筑物形成的那种心理体验与直观印象，强化了美国首都的形象与记忆。

其次，人格化的可亲近的领袖们，具有培养共同情感的价值。美国更不容易的一点是，那些领袖圣贤们，虽然有的被神话了，如华盛顿，但基本上仍然尊重事实，保持了大家普通凡人的那些面相，都有各种缺点和人情味，让人似乎容易亲近。以华盛顿为例，这哥们儿从总统任上退休回家，喜欢搞的事情是酿酒，而且还赚了一大把，在他的庄园里有些酒桶还在那儿。他最让人同情的事情是牙疼，从二十几岁开始掉牙，到最后一嘴全是假牙了。有的研究者说，看他的画像你就知道他牙疼。嘿嘿。

神一般的伟人华盛顿及其他圣贤的人格感召，那些生活琐事则让人觉得他和普通人亲近，使得人们容易共享着一种情感；圣贤一般诸多国家领袖熟悉的面容，活生生地提醒了过去的历史，成为人们共同熟悉的政治符号，并通过多种神化圣化方式使得国家意识以个人形象人格化具体化了。

第三，重视普通人在历史中的贡献。普通人更容易在那些无名烈士的身上看到自己的命运和人生。那些军人雕塑、烈士名录、排列整齐的十字架，提醒着国家成长过程中普通人那难以计量的牺牲。人家为什么要为你牺牲？因为是一家人呗，轮到你也一样。也许就是这样，大家就增长了同一个国家、同一个民族的心理认同与共同情感了吧。

事实上，不仅是华盛顿D.C.，美国其他地方往往也有不少雕塑。在纽约看得多了，我已经麻木，坐在公园里，对面那个雕塑是谁？早已失去了想了解的兴趣。管他是谁呢。美国人民就不同了，你想，他突然在某处遇到如中国的李白、唐三藏、赵云那样外国人不可能了解的人物，你想他的感觉是什么样的。

当然，仅仅这些符号式的虚的东西肯定不够，公民身份的各种权利与物质上能够兑现的福利，可能是国家认同更扎实的基础。不过，那个毕竟是另外的一类事物。对于美国这样人人来自四面八方、想法活法各式各样的奇怪国家，他们如果不是以一些扎实有效的方式来潜移默化地使人们树立起一种国家观念，建立起国家认同，那根本不能成为一个国家。它的国名本来也就是“联合国家”（united states），它把这个名字占了，联合国就只好叫united nation了。在这个联合起来的国家里，能让大家都认为自己同属于一个国家，这就不容易了。美国迫切需要虚的东西，因为它缺乏足够的凝聚人心的文化传统，即使过去曾经有比如无界的边疆之类的传统，对源源不断而来的新移民也难有多少影响。相比之下，中国则迫切需要实的东西，因为传统非常凝重，中国人的文化认同极其强大，更需要那些实在的利益来巩固国家认同这种虚的东西，比如赋予公民身份以更多的物质内容与实际权利。华盛顿给我的启示颇多，感到有些做法对于正在崛起的中国也值得借鉴。具体说来需要更多讨论，旅行归来，事务颇多，就不多说了。

（2017年8月30日）

费城印象

费城在美国建国初曾经有十年时间是美国的首都。后来新都华盛顿D.C.落成后就迁都了。作为独立战争的重要根据地与建国初的首都，费城在美国历史上有着重要的地位。

费城的住宿是老城中心的房子，在爱彼迎网站上找的。从密码锁盒中拿到钥匙，开门时半天没找到锁孔。原来门把手上有个铜片，滑开就露出锁孔了。这旧式的工艺给人一个奇特的印象。在费城的两天时间，我印象比较深的有几点：

一是，它承载了美国建国初的重要历史记忆。

独立宫和自由钟是费城最突出的两个景点，也是美国独立战争与建国初期重要政治事件的发生地。这两个地方都不用买票。在排队或参观时，能感受到费城人对自己家乡的热爱。费城在美国城市中的地位已经下降了，不过，历史地位不会改变，费城人对此是相当自豪的。

在独立宣言的诞生地独立宫里，讲解员形象地给大家讲述着当时的具体情况，在那些政治人物的座位间穿行来去，示意当时的场景。伟大的事件、伟大的人物，铸就伟大国家的人们，令人浮想联翩。我来自一个完全不同的国家与文化传统，虽然按照我的专业，对这些宪法史知识应该有更多了解，不过好些事情还是第一次知道，深感相关知识太少。

那个著名的自由钟真是非常破，头一天散步时在落地窗外已经看到了。第二天我们还是专门去了一下。人好多，都排队和它合影，我们也从众如仪。但对于美国人民，它的意义自然是不同凡响的。

自由钟广场的一角是总统住所的遗址，首任总统华盛顿和继任总统亚当斯应该就在此地居住过。现在只有断壁，墙上挂着图片和文字说明，供人参观凭吊。

其他的一些场所同样具有历史意义。独立战争博物馆前面的大炮估计是真品；宪法纪念中心和铸币厂现在也是参观景点。其他的应该还有不少，城市里也有些人物塑像，由于不太了解，没有多关心。总之，这是一个充满着历史记忆与国家诞生记录的城市。

二是，富兰克林的印记比较突出。如果说华盛顿市以华盛顿为突出的标志，或者再加上林肯，那么，费城就充满了富兰克林的印记。

富兰克林故居，现在是一个以故居废墟原址为基础的富兰克林博物馆。故居的院子走进去看了看，博物馆就没有时间进去。故居的拱形通道下的小路，仍是当年富兰克林走过的小路。院子里安置了旧房子的钢架，展示当年房子的结构。

富兰克林是个自学成才者，参与了美国建国初的诸多重大历史事件。美元最大面值一百美元上，印的就是富兰克林像。一个生来贫困的普通人，自己奋斗中成长起来，不但有政治上的贡献，还有重要的科学创造，比如发明了避雷针，这是个多么令人尊敬的人啊。我误认为他的墓碑上刻有“从上天处取得闪电，从暴君处取得民权”的警句，到墓地时并未发现。后来在网上查资料才明白，这是法国人对他的评价。他的墓碑上刻的是“印刷工富兰克林”。

那天日落时分，已经逛得累了，我还是特地到他的墓地去瞻仰一番。墓园已经锁门，不过，铁栏杆门内就是他的墓地，伸手可及，大理石板上还满是美元硬币，是不是中国游客投的不知道了。我从小读过他的故事，有富兰克林的费城，在我眼里更有人情味和亲切感。这就了却了我一桩心愿。

没有和当地人具体接触，不过，费城人应该是非常推崇富兰克林的。横跨特拉华河上的大桥就命名为富兰克林大桥，直通到市中心的富兰克林广场。这应该能说明这一点。

三是，宁静的街巷保留着一种朴素的风貌。

在夏日午后，阳光照在小巷，街道上或者窗户下，一般都是美丽的鲜花，给人以宁静与温馨的感受。有的街道有突出的历史感，这些房子现在都有人居住，不过，房子的铭牌则提示你，这里曾经是什么人、什么单位的原址。

由于费城不再是首都，且距离华盛顿D.C.太近，估计它以后难成为中心城市了。城里人不太多，路上没多少行人，日落之后，城市更加安静。旅行团一般只在费城半天或一天，就要赶往下一个点。那个下午，我坐在街心花园里，默默地感受着它的朴素、自然与祥和。

老城里好些路段特意保留着当时的碎石路面，虽然路边也装了路灯和停车咪表。走在这样的路上，想象着当年为国家独立和人民自由与权利而奋斗的历史人物们曾经在这些路上来往，心中真是充满了历史感。中国虽然人多，不过，许多城市并没有达到费城的规模，文化遗存还是应该好好保护下来。当然，在斯库尔基尔河对岸，常春藤盟校之一宾州大学所在的那个区域相对要现代一些了。

最后一点印象，费城在汹涌的特拉华河畔，也就是《华盛顿渡过特拉华河》油画中的那条河。此河的水量规模大过长江，不过其知名度要比长江小多了。河畔公园有爱尔兰人的集体群雕，是爱尔兰移民组织设立的。爱尔兰发生大饥荒，许多人逃难到新大陆，这是一个民族悲惨的命运。此事件导致爱尔兰的语言结构发生了变化，说爱尔兰本地话的人都走了，留下的就是其他人了。费城有这条河，真不错，河畔公园是市民们夏日消遣的好地方。

在费城停留了两天，有些感受对我有所触动。

一是，在未来，文化资源将是一个城市树立独特性的核心要素。这样表述不免有些功利。城市那么多，中心城市就只有几个，你的城市怎么能够具有独特性？只有鲜明的个性，才是城市未来发展的永恒资源与不朽生命。如果本来有的，就保护好它；如果没有，那就只能创造了。比较起来，创造难，能不能成功尚在未定之天。重视文化资源，应当是城市管理、城市经营的根本。数学上无御道，在文化财富面前，行政权力也不是万灵药。权力对城市的文化传统应该保持足够的谦逊和节制。

二是，人物是城市魅力的一个重要源泉。富兰克林在费城成长起来，他与费城关系密切，其他人与费城关系就没那么密切。如果没有这样一个人物，费城也许会失色不少，费城人民也会少一个自豪感所寄托的对象。

世界上值得我们怀念的，无非是让我们心灵感到温暖、身体可以休憩的地方，那里有我们亲切的人、熟悉的环境、温暖的制度与感性的体验。每个城市一定有无数优秀人物，他们的故事都值得讲述，他们的重要性也值得树立雕像，他们的事业也值得永久地矗立在城市中。要多些对人的关切、关心、关爱，首先是弱者，其次是普通人，但不能没有那些对人群有贡献的杰出人物，他们的事迹对市民有着具体的激励与启迪。

三是，每一个城市安安静静地做好自己，就是真实的存在。在现代社会，人的流动性比较强，可以从一个城市到另一个城市、一个国家到另一个国家，城市则始终在原地存在。什么样的城市是好城市，除了GDP等指标，宜居城市就是一个很好的标准。每个城市应当都是宜居的，喜欢热闹的可以到热闹处，喜欢安静的也有安静处，喜欢艺术的到艺术型城市，喜欢生意的到生意型城市；或者城市本身就包罗万象，人们可以到城市的不同区域体验不同的生活。

许多城市是没有机会成为中心的，那么，安安静静地做好自己，为市民提供宜居的条件，就是最佳的存在方式。

总体上，费城给我的印象是，具有文化资源、城市祥和安静、人民自足自豪、生活平淡实惠。在栗树街附近吃了一次西安美食，很地道，比纽约的实惠多了。那天下午，我坐在街心公园里，看着周围的景物，深深涌起了一种对故国文化的哀痛：我来自有着五千年文化传统的中国，但是在三百年的文化名城面前有一种挫折感和羞怯感。有时不免怀疑，我们真的有五千年文明吗？费城能对我有所触动，显然，它对自己三百年历史的保护是成功的、有效的，值得肯定。

（2017年9月4日）

曼哈顿中央公园的树

前天天气晴好，阳光明媚，在家里窝了几天了，决定到中央公园去看看。坐地铁D线直达。

此行有许多印象，不过，印象最深的还是树。

正值冬天，树木基本上都落了叶子，裸露着枝条，伸展在冬日的蓝天白云下。这些树很有看头。

因为是公园里的树，也是有人修剪的，不过，这些树让我有一种感动。

它们的确是树。

什么是树呢?

它要伸展枝条，向天空，向四周，自由地伸展。

据说，树冠有多么大，它在地下的根也就有多么发达。可以通过树冠来判断树的根系规模。

有的树，壮美，壮硕的树干，挺拔的枝条，凌空伸展开来，如东北大汉；有的树，优雅，俏小如江南丽人，不动声色，自然从容。

有的树，放肆，你伸展就伸展吧，干吗那么夸张，向天空伸出无数的枝条，一齐张开臂膀，这个形容就不正确了，哪能有那么多的臂膀？那简直是奔放的烟花。

有的树，无赖，左曲右扭，就是不好好地长，没有个正形，简直需要让他参加下大学生军训，好好学习下队列行走。没有你这样随便的啊！他就那样随便，没有人干涉，歪就歪了，老子都歪了几百年了。

有的树，是一伙儿，齐刷刷地排列在那里，嗯，好一组体育运动员。有的树，三三两两，好似老友对话，也好似在共享安静的闲暇。

有的树，主干粗厚，已经经历了几百年风霜，你看到的是它，它看过的人和事，你哪里知道？你看不到它了，它还会继续迎接未来的人们啊。

有的树，得到了全面发展一样，占地宽阔，四周无树，它可以想长多高长多高，想伸多长伸多长，舒服，自在，逍遥。

有的树，被其他树挤着了，只好向一面伸展，俺惹不起，俺还躲不起你吗？嘿嘿。

有的树，被风吹倒了似的，我就倒啦，大地替它使点劲儿，托住它了。这才是好哥们儿啊。

有的树本身就矮，可是它没有觉得自己矮啊，它也照样挺拔，自然，从容。

想起了一句英文诗：I have never see a poem lovely as a tree！（我从来没有见过一首诗，能够如一棵树一样美丽）

想起大兴土木、尘土飞扬、雾霾浓重的故国，也想了一首诗：

谁肯栽培木一章，黄泥亭子白茅堂。新蒲新柳三年大，便与儿孙做屋梁。

你眼中看到的美丽、自然、轻松、安静的树啊，它其实在哪里都能如此，然而，却未必在哪里都能如此。

树林间有孩子们在嬉戏，过去想拍几张照片，老师制止了：No picture！哦，要保护孩子的隐私权的。

既然这样，让我把这些树都一一拍下。当我离开你们的时候，那时我只能看着你们的照片，回忆，怀念，端详。

（2017年1月20日）

跋

2006年7月，我从南京师范大学博士毕业，离开生活了十年的浙江海滨城市宁波，到华南理工大学法学院工作，不觉已经十三个年头了。

十余年来，除了忙碌公务和个人私事，也经营着一片小小园地——“法律博客”网站的个人博客，不知不觉积累了一些文字。这些东西很难算是正式的学术作品，不过，因为写作时相对轻松，它应该也有其读者。

2014年法理学年会在南京开，会议间隙博士同学季金华教授请几位同行吃饭，恰好与中南财经政法大学的张斌峰教授邻座，张老师对我的博文评价较高。这是我第一次知道读者的评价。2016年在微信朋友圈结识了澳门科技大学的何志辉副教授，不久后就在西安的传统法哲学范畴会上见了面，他说我博客中有的篇章是学生重点“借鉴”的对象，这是第二次知道自己文章的命运。2016年12月至2017年12月，我第二次到美国访学，在纽约住了一年。行前，广东地方法制研究中心的两位副主任李秋成博士和冯健鹏副教授要我为基地的公众号写些文字。这些东西也选择些收在这里。

学期末了，抽空将不那么学术化的旧文字整理一二，略分栏目，也是一本小书的模样了。有的文章时间长了也忘记了，自己读了后，嗯，感觉还颇受教益。法学院向来是文牍主义、法条主义盛行的场域，轻松的文字更不易写。敝帚自珍，这些文字，或许可以让不搞法理学不在学术圈混的朋友们了解，我大概在干些什么事。年近半百，头童齿豁，权且为自己留下一个私人纪念——那随风而逝的青年时光！

感谢山东人民出版社李怀德先生为这本小书出版付出的辛劳。

感谢一路行来苦乐与共的家人和朋友们。

李旭东

2018年1月25日于广州